Essen kommen!

Tine Kujawski & Claudia Muschiol

südwest

Essen kommen!

Mamas Küchenklassiker, die uns groß gemacht haben

Eine kulinarische Reise in die Kindheit

Kochabend mit den besten Freundinnen. Ein klassisch italienischer Abend sollte es werden. Klassischer Abend, klassischer Auftakt: Vitello Tonnato. Klassisch auch dabei: Kapern. Noch klassischer: Sandra. Während alle schon selig kauten, war sie akribisch damit beschäftigt, die Kapern ins Exil zu schubsen. Ein leicht beleidigter Blick der Köchinnen und die Erklärung der Kapernfeindin: „Kapern hab ich schon als Kind gehasst. Königsberger Klopse ... – mein absoluter Albtraum." Sissi schräg gegenüber: „Königsberger Klopse habe ich geliebt! Das war mein absolutes Lieblingsessen. Die habe ich aber auch seit Jahren nicht mehr gegessen. Muss ich meiner Mutter sagen, dass sie mir die mal wieder macht ... Oder könnt ihr die etwa?" Schulterzucken bei den Hobbyköchinnen: „Keine Ahnung, wie das geht. Ich musste neulich sogar meine Mutter anrufen, um zu fragen, wie man eigentlich ein Schnitzel paniert." Jetzt zeigte Sandra, dass sie doch eine klassische Seite hat. „Oh ... Schnipo ... Das war immer mein Lieblingsessen, und das brauch ich auch heute noch mindestens einmal im Monat. Mindestens ..."

Und dann ging's los: Den Rest des Abends diskutierten wir über Lieblingsessen, Hassgerichte und Gourmet-Glaubensfragen wie:

Macht man Kartoffelsalat mit Majo oder ohne?

Dürfen in den Apfelstrudel Rosinen rein?

Und ist ein Schweinebraten aus dem Schmortopf überhaupt ein richtiger Schweinebraten?

Weiter ging es mit hitzigen Diskussionen, welche Mama den besten Nudelsalat macht, welche die besten Reibekuchen und überhaupt war jede Mama an diesem Abend mal wieder die „beste Mami von der ganzen Welt" und wir wieder Kinder. Wir wollten Gulasch mit Butternudeln, Fischstäbchen mit Spinat und Kartoffelbrei, rote Grütze und Bienenstich ...

Und schon stand das Thema für den nächsten Kochabend fest: Kindergerichte!

Mit dem kleinen Schönheitsfehler: Wir können sie nicht kochen. Weil wir uns immer auf Mama verlassen haben. Bis heute. Wir wissen zwar, wie man Sushi bastelt, für Thai-Curry brauchen wir kein Kochbuch mehr, aber keine von uns hat nur den Hauch einer Ahnung, wie man Rouladen schmort oder was in ein Fleischpflanzerl gehört (natürlich haben wir auch darüber gestritten, ob sie Frikadelle, Bulette oder Fleischklops heißen) oder was in eine Linsensuppe ...

Also haben wir uns aufgemacht, die Kindheit zurückzuholen.
Wir haben eine Umfrage unter Freunden gestartet, wer was am liebsten gegessen hat. (Schnipo rangiert übrigens ganz deutlich vor Königsberger Klopsen). Anschließend haben wir die einzelnen Mütter interviewt und ihre Rezepte gesammelt, ausprobiert und aufgeschrieben. Die Rezepte haben wir für 4 Portionen berechnet, die eher üppig bemessen sind. Wenn also eine Familie aus zwei Erwachsenen und zwei Kindern besteht, dann kann man entweder noch die Großeltern oder Freunde einladen oder man isst den Rest am nächsten Tag. Manche Rezepte schmecken aber einfach besser, wenn man größere Mengen zubereitet, dann haben wir das aber auch immer dazugeschrieben. Und wir haben neben jedem Rezept ein wenig Platz gelassen, damit eure Mütter euch noch ihre Geheimtipps verraten können. Damit jeder am Ende ein ganz persönliches Kochbuch bekommt und die kulinarischen Highlights unserer Kindheit nicht verloren gehen. Und weil wir wissen: Bei Mama schmeckt's einfach am besten ...

Viel Spaß bei einer kulinarischen Reise in die Kindheit.
Viel Spaß mit dem vielleicht sentimentalsten Kochbuch der Welt!

Tine Kujawski und Claudia Muschiol

Für unsere Mamas, Karin und Karin.
Danke für die schöne Kindheit und die vielen Reiberdatschi, Pfannkuchen und Schnitzel, an die wir uns so wahnsinnig gerne erinnern.
Und unsere Omas Betty und Hetti, die ihnen das Kochen beigebracht haben.
Und für Papa Willi, der zwar überhaupt nicht kochen, aber viele wertvolle Ratschläge geben kann.

Erinnerungen an

Wir haben sie über alles geliebt, und wir hätten sie am liebsten jeden Tag gegessen. Und zwar morgens, mittags, abends.

… und zwar pünktlich! Das fiel oft schwer, da wir auf dem Heimweg doch so wichtige Dinge wie die Nachmittagsgestaltung mit Freunden besprechen mussten und das dauerte eben …

Was ein „schnelles Gericht“ war, hat uns nicht interessiert, geschmeckt hat es uns trotzdem. Und dass Mama manchmal keine Lust hatte zu kochen wussten wir damals auch nicht.

Eigentlich könnte jeden Tag Sonntag sein. Im ganzen Haus duftet es, alle haben Zeit und sitzen zusammen am Tisch, auch Oma.

die Kindheit

Am liebsten jeden Tag!

Wir haben sie über alles geliebt,
und wir hätten sie am liebsten
jeden Tag gegessen.
Und zwar morgens, mittags, abends.

Am liebsten jeden Tag

Wir haben sie über alles geliebt, und wir hätten sie am liebsten jeden Tag gegessen. Und zwar morgens, mittags, abends. Wir wollten gar nicht verstehen, warum wir Schnitzel mit Pommes nicht schon zum Frühstück essen konnten. Das haben wir dann später gemacht: Nach einer durchfeierten Nacht in der Kneipe ein Schnitzel zum Frühstück bestellen. Oder sich schon um elf vom Pizzadienst Spaghetti Bolognese oder Pizza Tonno bringen lassen.

Jawoll! Ällabätsch, Mama! Geht doch ...

Top ten, every day, every time ...!

Und wenn wir heute an deinem Esstisch sitzen, schreien wir immer noch mit unseren fünfjährigen Söhnen oder Neffen um die Wette: Schnitzel! Mit Pommmeeessss ... Und prügeln uns mit ihnen um die Reiberdatschi (Reibekuchen).

Und weil wir nun doch so langsam erwachsen sind, wird es Zeit, dass wir uns unsere Lieblinge auch mal selbst in die Pfanne hauen.

So kocht man Kult – unsere Top Ten der Kindergerichte.

Schnitzel mit Pommes

4 Schnitzel
(Für ein echtes Wiener Schnitzel nimmt man Kalb aus der Oberschale. Den Luxus hatten wir aber früher nicht. Mama hat damals meist Schweineschnitzel genommen.)
Salz, Pfeffer
3 Esslöffel Mehl
2 Eier
ein Schuss Sahne
Paniermehl
reichlich Butterschmalz zum Braten
Pommes, so viel man möchte

1

Die Schnitzel waschen, trocken tupfen und zart klopfen. Nicht zu geizig mit Salz und Pfeffer würzen. Dann von beiden Seiten in Mehl wenden.
Die Eier in einem Suppenteller verschlagen und einen kleinen Schuss Sahne dazu geben. Die Schnitzel von beiden Seiten erst durch die Eier ziehen, dann in Paniermehl wälzen.
In der Pfanne reichlich Butterschmalz erhitzen. Das ist zwar nicht schlank, aber Schnitzel werden am besten, wenn sie richtig im Fett schwimmen. Dann brät man bei mittlerer Hitze erst die eine Seite schön knusprig braun. Das Schnitzel wenden und fertigbraten. Dabei die bereits gebratene Seite immer wieder mit dem Butterschmalz übergießen.

2

Als Beilage tiefgefrorene Pommes nach Packungsanleitung im Backofen oder in der Fritteuse zubereiten.

Gibt es was besseres als Schnitzel mit Pommes? Jeder kennt es, jeder liebt es, aber es muss auch wie damals bei Mama schmecken! Geliebt haben wir dazu auch mal eine Jäger- oder Zigeunersauce – Rezepte dafür siehe nächste Seite …

Zigeuner-sauce

1 große Zwiebel
250 Gramm Champignons
Butter
Salz, Pfeffer
1 Glas Puszta-Salat
1 Flasche Zigeunersauce

Die Zwiebel würfeln und die Champignons säubern (am besten ohne Wasser) und in Scheiben schneiden. Die Zwiebel in der Butter glasig dünsten, Champignons dazu und leicht anbraten. Mit Salz und Pfeffer würzen. Den Puszta-Salat abgießen, dazugeben und erwärmen bis alles leicht köchelt. Dann die Zigeunersauce dazugeben und heiß werden lassen. Wer mag, kann dann noch mal mit Salz und Pfeffer abschmecken.

Jäger-sauce

400 Gramm Champignons
2 Zwiebeln
Butter
Salz, Pfeffer
1/4 Liter Gemüsebrühe
(Instantbrühe)
ca. 200 Gramm Sahne
1 Bund Petersilie

Champignons säubern (am besten ohne Wasser) und in Scheiben, die Zwiebeln in feine Streifen schneiden. Zwiebeln und Pilze in der Butter andünsten, mit Salz und Pfeffer würzen. Mit der Brühe ablöschen und auf die Hälfte einköcheln lassen, dann die Sahne dazugeben und kurz aufkochen. Die klein geschnittene Petersilie unterheben und mit Salz und Pfeffer abschmecken.

Mamas Tipp

Dazu essen wir natürlich am allerliebsten Pommes, entweder aus der Friteuse und später dann aus dem Backofen. Oder eben einfach nur Kartoffeln.

Mama Lameng

Irgendwann wollte man kochen lernen. Doch wer mal versucht hat, sich die Rezepte von Mama abzugucken, weiß, worin das Problem liegt. Mama kocht nämlich nicht nach Rezept, sondern nach Gefühl und aus dem Handgelenk, aus der Lameng (französisch: à la main = aus der Hand). Mama kocht so, wie sie es von Oma gelernt hat, und die hatte ja auch keine Kochbücher. Ein Kochkurs aus der Lameng gestaltet sich dann in etwa so:

Mama: Du nimmst das Rouladenfleisch, schmierst es mit Senf ein und tust die Füllung rein. Und dann rollst du sie zusammen.

Kind: Mama, wie viel Senf brauch ich denn da?

Mama: Das siehst du dann schon.

Kind: Wie sehe ich das denn?

Mama: Na, wenn du den Senf drauf schmierst.

Kind: Aber wie denn ...?

Mama: Was, wie? Das sieht man doch ...

Kind: Und wie viel Salz und Pfeffer?

Mama: Nach Gefühl halt.

Kind: Mama, ich habe das nicht im Gefühl.

Mama: Das Gefühl kriegst du schon. Bis es halt schmeckt ...

Kind: Und wie schmeck ich das?

Mama: Das merkst du dann schon.

Undsoweiterundsofort ... Ungefähr an diesem Punkt wurden die Kochversuche dann jedes Mal abgebrochen. Und wie Mama die Rouladen und die anderen Lieblingsgerichte machte, blieb weiter ein großes Geheimnis. Bis heute. Jetzt haben wir sie!

Reibekuchen oder Kartoffelpuffer

ca. 2 Kilogramm Kartoffeln
2 große Zwiebeln
3–4 Eier
4 Esslöffel zarte Haferflocken
2 Esslöffel Semmelbrösel
1 Esslöffel Mehl
Salz
Pfeffer
Sonnenblumenöl zum Braten

1

Kartoffeln und Zwiebeln fein reiben. Eier, Haferflocken, Semmelbrösel und Mehl untermischen und mit Salz und Pfeffer abschmecken. Das Öl (nicht so geizig sein mit dem Öl!) erhitzen und pro Reibekuchen zwei bis drei Esslöffel des Kartoffelteigs in die Pfanne geben und auf beiden Seiten goldbraun braten. Dazu kann man alles Mögliche essen: Apfelmus, Zucker, Brot, Ketchup oder Lachs mit Preiselbeersahne.

2

Und wenn tatsächlich welche übrig bleiben sollten: Kalt schmecken sie auch wunderbar. Dazu kann man alles Mögliche essen: Sauerkraut, Apfelmus, Preiselbeermarmelade, Räucherlachs ...

Mamas Tipp

Reiberdatschi hat Mama immer selbst gemacht. Die fertigen aus der Tiefkühltruhe kamen ihr nicht auf den Teller. Die hat man höchstens mal auf dem Weihnachtsmarkt gegessen. Und festgestellt: Mamas sind die besten - und das ist bis heute so.

Apfelpfannkuchen

120 Gramm Mehl
300 Milliliter Milch
3 Eier
4–5 Esslöffel Zucker
1 Päckchen Vanillinzucker
1 Prise Backpulver
3–4 Äpfel (am besten Boskop)
etwas Zitronensaft
Öl zum Braten

1

Das Mehl mit der Milch verrühren. Anschließend die Eier unterrühren und Zucker, Vanillinzucker und Backpulver beimengen. Alles gut vermischen – aufpassen, dass keine Klümpchen entstehen!
Die Äpfel schälen, entkernen und in schmale Streifen schneiden. Damit sie nicht so schnell braun werden, kann man ein bisschen Zitronensaft darüber träufeln.
Den Backofen auf 125 Grad (Ober- und Unterhitze) vorheizen, damit man die fertigen Pfannkuchen

2

warm stellen kann. Dann das Öl in die Pfanne geben, heiß werden lassen, eine Portion Teig in die Pfanne geben und rasch mit den Apfelspalten belegen. Die Unterseite langsam goldbraun werden lassen, dann stockt die Oberseite auch gut. Dann wenden (bitte keine Experimente) und die zweite Seite fertig braten.
Den fertigen Pfannkuchen zum Warmhalten in den Ofen stellen. So lange weiterbacken, wie der Teig ausreicht.

3

Eine andere Variante: Äpfel weglassen und stattdessen ein Glas Heidelbeeren mit rotem Tortenguss andicken und über die gebackenen Pfannkuchen geben. Gibt schöne schwarze Zähne. Man kann den Pfannkuchen aber auch einfach nur mit Salz, Konfitüre, nutella usw. bestreichen. Manche haben Pfannkuchen auch mit Salami oder Käse gegessen, dann gibt man in den Teig natürlich keinen Zucker.

Mamas Tipp

Das Beste am Pfannkuchenessen war, dass Mama immer zu viele gemacht hat und dass man den ganzen Tag in die Küche gehen konnte, um von den kalten zu naschen. Und kalt waren sie fast noch leckerer - der nächste bitte ...!

Futter-neid

Wenn an dieser Stelle der große Bruder zu Wort kommen würde, wäre die Geschichte eine andere. Dann erhielte die Autorin ohne zu zögern den wenig schmeichelhaften Titel „kleines egoistisches Monster". Diesen Vorwurf weise ich von mir. Obwohl: Der Futterneid war bei mir in der Tat so stark ausgeprägt, wie man es sonst wohl nur in der freien Wildbahn findet.

Aber ich kämpfte doch nur ums Überleben ...
Survival of the fittest. Obwohl ich mit zehn, elf Jahren keinerlei Ahnung von der Existenz der Darwinschen Evolutionstheorie hatte, beherrschte ich ihre Grundregeln schon damals bis zur Perfektion. Chips, Kinder-Schokolade und sogar das Schokomüsli (musste von Kölln sein) wurde unterm Bett versteckt und nur zum Verzehr wieder herausgeholt, wenn der große Bruder nicht zu Hause war.
Um meine Lebensmittel-Ressourcen vor den brüderlichen Fängen zu verteidigen, schreckte ich auch vor tätlichen Angriffen nicht zurück. Noch heute zeugen drei kleine, aber ziemlich tiefe Löcher im elterlichen Esstisch von der Gabelattacke auf seine Hand, die es wagte, nach der letzten Kartoffel zu greifen. Die Kartoffel landete auf dem Berberteppich, was den Hund freute, und die Gabel steckte senkrecht, drohend und wackelnd im Holz.
Geändert hat sich am frühkindlichen Futterneid nur wenig. Ich werde immer noch wahnsinnig, wenn jemand von meinem Teller probieren will. Besonders, wenn's mein Bruder ist. Aber das kommt ja zum Glück nur noch sehr selten vor ...

Gulasch

800 Gramm Zwiebeln
800 Gramm Fleisch, gemischt Schwein und Rind
(Am besten dem Metzger sagen, dass das Fleisch für Gulasch ist.)
1/3 Packung Biskin
1 Liter Gemüsebrühe (Instant)
2-3 Esslöffel Paprika edelsüß
Pfeffer
Schale einer viertel Zitrone
1 Prise Zucker
evtl. 1 Teelöffel getr. Peperoni
Salz
3 Esslöffel dunklen Saucenbinder

1

Nach dem Schälen die Zwiebeln halbieren und kurz unter heißem Wasser abspülen, dann heult man nicht so. Die Zwiebeln in kleine Würfel schneiden. Das Fleisch waschen und abtupfen, dann würfeln. Biskin in einen schweren Topf geben und bei großer Hitze schmelzen, die Fleischwürfel dazugeben und rundum anbraten. Kurze Zeit später auch die Zwiebel mit anbraten. Die Zwiebeln sollten nicht braun werden, sondern nur

2

glasig werden. Nach dem Anbraten mit der Gemüsebrühe aufgießen. Jetzt erst Paprika zugeben (auf keinen Fall vorher, sonst kann es bitter werden). Dann Pfeffer, Zitronenschale und Zucker hinzugeben. Wer es gerne schärfer mag, kann auch noch ein bisschen Peperoni dazugeben.
Wichtig: Jetzt noch nicht salzen, da das Fleisch sonst hart wird. Hitze um die Hälfte reduzieren und das Gulasch eineinhalb bis zwei Stunden leicht köcheln lassen und

3

gelegentlich umrühren. Die Zwiebeln sollten fast verkocht sein. Erst jetzt mit Salz abschmecken. Zum Eindicken Saucenbinder verwenden.
Als Beilage schmecken natürlich am allerbesten Semmelknödel (Rezept siehe Knödelgeröstel), sehr gut sind auch Band- oder Spiralnudeln oder einfach Salzkartoffeln.

Mamas Tipp

Viele sagen ja, am zweiten oder dritten Tag schmeckt's am Besten, also immer genug kochen, damit auf alle Fälle was zum Aufwärmen da ist!

Spaghetti Bolognese

1 rote Zwiebel, 1 Möhre
1 Selleriestange, 1 Knoblauchzehe
3 Esslöffel Olivenöl
1/4–1/2 Liter Rotwein trocken
400 Gramm gem. Hackfleisch
360 Gramm (Abtropfgewicht) Tomaten (stückig oder passiert)
1 Esslöffel Gemüsebrühe (Instant)
Salz, Pfeffer
1 Schuss Sahne
italienische Kräuter
frisches Basilikum
500 Gramm Spaghetti
geriebener Parmesan

1

Zwiebel, Möhre, Stangensellerie, Knoblauch fein würfeln, der Reihenfolge nach mit Olivenöl in der Pfanne anbraten. Dann alles mit einem Schuss Rotwein ablöschen. Das gemischte Hackfleisch scharf anbraten, dann wieder und wieder mit etwas Rotwein ablöschen bzw. einkochen (den Wein nie ganz zum Schluss beigeben, sonst wird die Sauce bitter). Natürlich muss man den Rotwein nicht nur in den Topf schütten. Man kann sich auch ein Gläschen Kochwein neben den Herd stellen und selbst trinken. Ganz wichtig ist jetzt, ähnlich wie beim Risotto: rühren, rühren, rühren! Dann die Tomaten zufügen, anschließend die Brühe (evtl. mit etwas Wasser, je nach Wunsch), einkochen. Mit Salz und Pfeffer würzen, die Sahne dazu mischen, einkochen, abschmecken und gegebenenfalls nachwürzen. Zum Schluss die Kräuter hinzufügen, und auf keinen Fall das frische Basilikum vergessen!! Nudeln al dente kochen, abgießen und sofort mit der Sauce mischen. Zum Schluss mit reichlich frischem Parmesan bestreuen!

2

Mamas Tipp

Das ist eine echte Bolognese-Sauce. Als wir klein waren, hat Mama sie auch manchmal in der eingedeutschten Variante (zum Beispiel ohne Wein und Sellerie) gemacht, weil sie es nicht besser wusste. Und geschmeckt hat es auch ganz wunderbar.

Pizza alla Mamma

Für den Teig:
400 Gramm Mehl
30 Gramm frische Hefe
225 Milliliter lauwarmes Wasser
1 Teelöffel Zucker
1 Prise Salz
1 Eigelb
4 Esslöffel Olivenöl
Für den Belag:
240 Gramm (Abtropfgewicht) Tomaten (stückig oder passiert)
125 Gramm Mozzarella oder
150 Gramm gerieb. Emmentaler
den Rest nach Wunsch

1

Das Mehl in eine große Schüssel sieben. Die Hefe in einer anderen Schüssel zerbröseln, 50 Milliliter Wasser, Zucker und zwei Esslöffel des gesiebten Mehls dazutun, so dass ein dickflüssiger Vorteig entsteht. Im 35 Grad warmen Backofen eine halbe Stunde gehen lassen. In das Mehl eine Mulde drükken, den Vorteig in die Mulde geben, restliches Wasser, Salz, das Eigelb und Olivenöl dazugeben und mit dem Knethaken verrühren. Dann mit der Hand richtig durch-

2

kneten, zu einer großen Kugel formen. Den Teig in eine gemehlte Schüssel geben und mit einem Küchentuch zugedeckt an einem warmen Platz zwei Stunden gehen lassen.
Das Blech mit Olivenöl einpinseln und den Teig mit dem Nudelholz darauf rollen.
Zum Belegen: Pflicht sind natürlich Tomaten, die als Erstes auf den Teig kommen. Und: der Käse zum Schluss. Damals haben wir noch keinen Mozzarella benutzt, sondern

3

geriebenen Emmentaler. Man kann aber auch problemlos beides nehmen. Alles dazwischen war, ist und bleibt der Fantasie überlassen. In der Regel hatte jeder ein Viertel des Blechs, das er belegen konnte, wie er wollte. Dafür gibt es kein Rezept. Gebacken wird die Pizza etwa 20 Minuten bei 200 Grad Ober- und Unterhitze.

Mamas Tipp

Die erste Tiefkühlpizza kam 1970 von Dr. Oetker auf den Markt und hieß Pizza à la Romana. Da war Mortadella drauf …

Werbung,

die wir nie vergessen

Nur wo nutella drauf steht, ist auch nutella drin

Leibniz: Der mit den 52 Zähnen

Der ist so leicht, der schwimmt sogar auf Milch

Miracoli ist fertig

McDonald's – das etwas andere Restaurant

Oma, kennst du schon den Blubb ... Blubb

Le Tartare, der frische Franzose

Ritter Sport. Quadratisch, praktisch, gut

Etwas Warmes braucht der Mensch

After Eight: Die feine englische Art

Man nehme Dr. Oetker

Nogger Dir einen

Lion – der Löwe unter den Riegeln

Caro – der korngesunde Landkaffee

Raider, der Pausensnack

Was wollt ihr denn? Ma-o-am, Ma-o-am ...

Tic Tac ist die neue Taktik

Vitamalz – das Gute

Herta, wenn's um die Wurst geht

Und jetzt alle ...!
(Die Gesungenen ...)

Kin-der-scho-ko-la-de

Sa-no-stol ...

Chio-Chio-Chio-Chips

Bonduelle ist das famose Zartgemüse aus der Dose

Mars macht mobil, bei Arbeit, Sport und Spiel

Exquisa, keiner schmeckt mir so wie dieser

Nichts geht über Bärenmarke, Bärenmarke zum Kaffee

Viele, viele bunte Smarties

An duplo ist was Leichtes dran, es schmeckt und steckt zum Knuspern an. duplooooooo!

Nur das Beste aus der Frucht ... mmhh ... Granini Trinkgenuss

Frau Antje bringt Käse aus Holland

Rama macht das Frühstück gut ... Raaamaaaa ...

Die Sinalco schmeckt, die Sinalco schmeckt, die Sinalco, nalco, nalco schmeckt!

Ja, so ist McDonald's – Essen mit Spaß

Ei, Ei, Ei, Verpoorten

Brathähnchen mit Blechkartoffeln

1 Brathähnchen
Salz, Pfeffer
1 Esslöffel Paprikapulver edelsüß
1/2 Esslöffel Paprikapulver scharf
1/2 Teelöffel milden Curry
1 Prise Zucker
1 Bund Petersilie
1 Zwiebel
50 Milliliter Bier
30 Gramm Butter
1 Kilogramm kleine fest kochende Kartoffeln
Öl

Das Hähnchen innen und außen gründlich waschen und trocken tupfen. Zwiebel achteln. Salz, Pfeffer, Paprika edelsüß und scharf, Curry und den Zucker vermischen und das Hähnchen innen und außen gründlich damit einreiben, dann mit der Petersilie und den Zwiebelstücken füllen. Auf einen Hähnchenbräter setzen oder mit der Öffnung nach unten in eine Bratreine legen und im vorgeheizten Ofen bei 200 Grad (Ober- und Unterhitze) 50 bis 60 Minuten braten. Dabei immer wieder mit Bier und zerlassener Butter im Wechsel einpinseln. Wenn das Hähnchen zu wenig Farbe hat, während der letzten zehn Minuten entweder auf Grillfunktion umschalten oder den Ofen höher stellen.

Für die Beilage: Kleine Kartoffeln gründlich waschen und abbürsten, der Länge nach halbieren und mit der Schnittfläche auf ein mit reichlich Öl ausgeschwenktes Backblech legen. Während der letzten halben Stunde zu dem Hähnchen ins Rohr geben und mitbacken, bis die Schnittflächen der Kartoffeln goldgelb sind. Aus dem Rohr nehmen und auf dem Blech ein bis zwei Minuten ruhen lassen, bis die Kartoffeln das Öl aufgesaugt haben.

Mamas Tipp

Und wenn Mama keine Zeit hatte, hat sie das Hähnchen beim Wienerwald oder dem Hähnchenmann gekauft.

Frikadellen oder Fleischpflanzerl

1 1/2 alte Semmeln
1/4 Liter Milch
2 Zwiebeln
2 Stängel Petersilie
20 Gramm Butter
je 300 Gramm mageres Schweine- und Kalbshackfleisch (oder Schwein und Rind)
1 Ei
evtl. etwas Paniermehl
Salz, Pfeffer
2 Teelöffel scharfer Senf
Butterschmalz zum Braten

1

Die Semmeln in der Milch einweichen. Die Zwiebeln sehr fein würfeln, die Petersilie sehr fein hacken und beides in der Butter glasig dünsten.
Die Semmeln ausdrücken, mit Hackfleisch, Zwiebeln, Petersilie und dem Ei mischen und zu einem glatten Fleischteig verkneten. Wenn der Fleischteig noch zu klebrig ist, kann man ein oder zwei Esslöffel Paniermehl dazugeben.
Den Fleischteig mit Salz, Pfeffer und scharfem Senf abschmecken.

2

Zwischen den Händen zu Frikadellen formen und im heißen Butterschmalz von beiden Seiten mittelbraun anbraten.

Mamas Tipp

Dazu lieben wir Kartoffelsalat oder Kartoffelbrei.

15 Fünf-Sekunden-Tricks, sich die Kindheit zurückzuholen

Sentimental Journey

1. Ein Butterbrot schmieren (mit ganz viel Butter drauf – ohne auf das Fett zu achten)
2. Einen Kaba machen (und die Frage klären, erst das Pulver oder erst die Milch?)
3. Den Finger ins nutella-Glas stecken
4. Eine Tafel Kinder-Schokolade kaufen
5. Einen Schokokuss in der Semmel zerquetschen
6. Bei McDonald's die Junior-Tüte bestellen
7. Ein Malzbier trinken
8. Fischstäbchen zum Abendessen machen
9. Ketchup über die Nudeln schütten
10. Hinterher den Teller abschlecken
11. Beim Bäcker eine Capri-Sonne kaufen
12. Und am Kiosk eine Papiertüte mit Süßkram
13. Einen Kuchen backen und hinterher selbst die Teigschüssel ausschlecken
14. Sich an der Wursttheke eine Scheibe Wurst in die Hand geben lassen
15. 10 Cent in einen Kaugummiautomaten stecken

Eine Timeline der leckersten Erfindungen

um 1680 Pommes
1876 Tomatenketchup
1886 Coca Cola
1887 Maggi Suppenwürze
1891 Leibniz Butterkeks
1894 Kellog's Cornflakes
1901 Milka
1908 Liebesperlen
1922 Gummibärchen
1923 Eis am Stiel
1923 Mars
1925 Ahoi Brause
1929 Kaba
1930 Maoam
1937 Smarties (Deutschland 1968)
1940 Fanta
1943 Milky Way
1944 Chiquita Bananen (Deutschland 1966)
1949 Pfanni Knödel
1951 nutella (1965 in Deutschland)
1951 Happen von Langese
1952 Bluna
1953 Domino
1955 Prinzenrolle
1958 Dosen-Ravioli in Deutschland
1959 Fischstäbchen
1959 hanuta
1961 Miracoli
1961 Iglo-Tiefkühlspinat
1964 duplo
1965 Merci
1967 Kinder-Schokolade
1967 Tritop
1968 Big Mäc
1969 Capri-Sonne
1969 Kabafit Erdbeere
1969 Dany & Sahne
1970 Tiefkühlpizza
1974 Überraschungsei
1974 das erste Maggi Fix (für Gulasch)
1975 Kabafit Banane
1976 Raider (seit 1991 Twix)
1978 Milchschnitte
1978 Backofen-Pommes
1979 Ed von Schleck

Käsespätzle mit Röstzwiebeln

500 Gramm Mehl
7 Eier
Salz
1–2 große Zwiebeln
100 Gramm Butter
250 Gramm geriebener Käse (1/3 Greyerzer, 2/3 Emmentaler)

Das Mehl, die Eier und eine kräftige Prise Salz mit dem Handmixer zu einem Teig schlagen, der zäh vom Kochlöffel fließt. 10 Minuten stehen lassen.
Die Zwiebeln in dünne Ringe schneiden, in einer Pfanne mit der Butter langsam (!) braun anbraten. Hier ist Vorsicht geboten, sonst werden Zwiebeln und Butter schwarz. Manche Menschen nehmen sich tatsächlich 45 Minuten Zeit, die Zwiebeln ganz, ganz vorsichtig, also bei geringer Hitze, in der Butter braun werden zu lassen.
Inzwischen in einem großen Topf vier bis fünf Liter Wasser mit Salz zum Kochen bringen und mit der Spätzlereibe den Teig portionsweise in das leicht kochende Wasser reiben. Aufwallen, nicht kochen lassen, und mit einem Schöpfer die Spätzle aus dem Wasser nehmen, gut abtropfen lassen und sofort als erste Lage in eine mit Butter eingefettete, zuvor im Backofen angewärmte Schüssel geben. Darauf eine Lage des gemischten Käses (nicht zu dünn!), dann wieder Spätzle, Käse usw. Zum Schluss die Zwiebeln mit der Butter über die Käsespätzle geben. Mit grünem Salat anrichten. Dazu gehört laut Papa Stetter, ein frisches Bier! Das dürfen wir jetzt ja auch trinken ...

Mamas Tipp

Manche Mamas geben die Schüssel mit Spätzle und Käse noch in den Ofen. Nach diesem Rezept soll der Käse aber von allein in der warmen Schüssel schmelzen.

Lasagne mit Béchamel- und Hackfleischsauce

Hackfleischsauce: **Seite 18**

Für die Béchamelsauce:
50 Gramm Butter
80 Gramm Mehl
1/3 Liter Milch
Salz, Pfeffer, Muskat

Für den Endspurt:
1 Packung Lasagneplatten
250 Gramm Mozzarella (in Würfel oder Scheiben geschnitten)
250 Gramm geriebenen Gouda

1

Die Butter in einer kleinen Kasserolle schmelzen lassen, dann das Mehl hinzufügen und unter ständigem Rühren kräftig anschwitzen. Mit einem Schneebesen nach und nach die Milch unter kräftigem Rühren hinzufügen und aufkochen lassen. Zehn Minuten bei milder Hitze köcheln lassen, zwischendurch öfter umrühren. Mit Salz, schwarzem Pfeffer und Muskat abschmecken.
Die Lasagneplatten in eine große gefettete Auflaufform legen, Hackmischung, Béchamelsauce und Käse abwechselnd in die Form schichten. Mit einer Käseschicht abschließen. Dann für etwa 45 Minuten bei 200 Grad (Ober- und Unterhitze) in den Ofen geben.

2

Mamas Tipp

Früher musste man die Lasagneplatten noch vorkochen und anschließend wieder mühevoll versuchen, sie voneinander zu trennen.

Um eins gibt's Essen …

… und zwar pünktlich! Das fiel oft schwer, da wir auf dem Heimweg doch so wichtige Dinge wie die Nachmittagsgestaltung mit Freunden besprechen mussten und das dauerte eben …

Alltags-gerichte

Direkt nach der Schule gab's Mittagessen. Vorsorglich mahnte Mama schon vor der Schule, dass man nach der Schule nicht allzu sehr bummeln sollte, weil sonst das Essen kalt würde. Und jeder, der mal Ärger mit Mama hatte, weil das Essen beim Nachhauskommen doch kalt war, hat sich daran gehalten. Hätten unsere Mütter je begriffen, welchen Gefahren sie uns damals ausgesetzt haben, sie hätten mit dem Kochen gewartet, bis wir zu Hause waren. Denn selbstverständlich sind wir nicht zügig nach Hause marschiert ... – wir hatten nämlich unsere Verpflichtungen. Denn schließlich wussten wir damals schon: Socializing ist das halbe Leben. Die zehn Minuten zwischen Schulschluss und Mittagessen waren die After-Work-Party von heute. Schneeballschlacht und Einseifen im Winter, mit dem tollen neuen Fahrrad drei Extrarunden auf dem Schulhof fahren, damit's auch jeder sieht, oder, um mit den anderen noch eben zum Bäcker zu fahren, um für 50 Pfennig eine Riesentüte Süßigkeiten zu kaufen, die uns vorher schon den Appetit verdorben hat. Wir hatten also damals schon begriffen, dass diese Minuten nach der Schule wichtig für unseren Platz in der Gesellschaft waren, und in der Konsequenz mussten wir in halsbrecherischem Tempo nach

Schaschlik

für 6 bis 8 Personen

500 Gramm Rindfleisch
500 Gramm Schweinefleisch
500 Gramm Leber (wer mag)
1,5 Kilogramm Zwiebeln
Butterschmalz zum Braten
Salz, Pfeffer, Curry
Schaschlikgewürz

Maggi-Würzmischung Nummer 3
2–3 Flaschen Schaschlik-sauce

Mamas Tipp

Das Fleisch in schaschlikgroße Stücke schneiden und 1 Kilogramm Zwiebeln in Scheiben schneiden. 500 Gramm Zwiebeln für die Sauce würfeln. (Wer mag, kann auch noch Speck und Paprikascheiben nehmen, das hat meine Mutter aber nie getan.) Fleisch, Zwiebeln und Leber im Wechsel auf die Schaschlikspieße stecken. Mit allen Gewürzen ordentlich würzen. In einem großen Bräter in Butterschmalz anbraten und zwei bis drei Tassen klein geschnittene Zwiebeln dazu geben. Mit zwei Tassen Wasser aufgießen und verköcheln lassen.

Dann muss man so lange immer wieder Wasser dazugeben und einkochen lassen, bis das Fleisch gar ist. Jetzt kommt die Schaschliksauce dazu. In dieser Sauce köcheln die Spieße noch mal eine gute halbe Stunde. Dann die Sauce noch mal abschmecken. Was übrig bleibt, wird am nächsten Tag wieder warm gemacht und in dem Fall gilt wirklich: Am zweiten Tag schmeckt es mindestens genauso gut.
Dazu passen Pommes, Reis oder einfach nur Weißbrot wegen der leckeren Sauce.

Hause laufen oder radeln. Das „Schau nach links, nach rechts und noch mal nach links" wurde konsequent ignoriert, dafür hatten wir ja schließlich keine Zeit, und so sind wir schon mal dem einen oder anderen Kotflügel von der Schippe gesprungen.
Und das alles, damit Mama glücklich war. Und am glücklichsten war sie, wenn's uns geschmeckt hat. Danke, Mama ...!

Mit Hackfleisch gefüllte Paprika

3 mittlere Zwiebeln
1 Ei
750 Gramm gemischtes Hackfleisch
Salz, Pfeffer
süßes Paprikapulver
Paprikapulver scharf
Chilipulver
evtl. Knoblauch
300 Gramm Reis
6 Paprikaschoten
Olivenöl zum Braten
1-2 Teelöffel Instant-Gemüsebrühe

Für die Sauce:
ca. 340 Gramm Tomatenmark
Zucker
200 Gramm süße Sahne
evtl. Mehl zum Eindicken

1 Die Zwiebeln schälen und würfeln. Zwiebelwürfel mit Ei, Hackfleisch und Gewürzen vermengen, gut durchkneten und mit dem ungekochten Reis vermengen. Bei den Paprika das obere Ende mit Stiel abschneiden und aushöhlen. Mit der Hackfleischmasse füllen und in der Pfanne mit Olivenöl von allen Seiten kurz anbraten – zuerst auf der Füllseite.

2 Dann nebeneinander in einen Topf setzen. Topf mit ca. drei Zentimeter Wasser füllen und mit etwas Brühe anreichern. 15 Minuten bei geschlossenem Deckel köcheln lassen. Das Tomatenmark mit etwas Kochflüssigkeit anrühren, ein wenig Zucker und Sahne dazu geben. Die Paprika mit der Sauce übergießen, mit geschlossenem Topfdeckel weitere 20 Minuten köcheln lassen. Eventuell die Sauce mit etwas Mehl andicken und noch mal abschmecken.

Mamas Tipp

Für dieses Gericht gab es eine beliebte Strategie: Zuerst hat man möglichst schnell das ungeliebte, labberige Gemüse außenrum aufgegessen und dann mit Genuss die leckere Füllung mit der Sauce.

Himmel und Erde mit Blutwurst

1 Kilogramm Kartoffeln
500 Gramm Äpfel
1/2 Liter Wasser
Salz
Zucker
Pfeffer
Muskat
2 Zwiebeln
150 Gramm durchwachsener oder fetter Speck
400 Gramm Blutwurst
Mehl
Fett zum Braten

Die Kartoffeln schälen und in Würfel schneiden. Äpfel schälen, entkernen und in Stücke schneiden. Die Kartoffeln mit dem Wasser, etwas Salz und Zucker kochen und nach 15 Minuten die Äpfel dazugeben. Alles gar kochen und mit Salz, Pfeffer, einer Prise Muskat und Zucker abschmecken.
Zwiebeln und Speck würfeln, Speck in einer Pfanne auslassen und die Zwiebeln darin bräunen.
Die Blutwürste in fingerdicke Scheiben schneiden, leicht in Mehl wälzen und in einer Pfanne braten.
Die Speckzwiebeln über dem Kartoffel-Apfel-Gemisch verteilen und die Blutwurst dazu servieren.
Und wer keine Blutwurst mag, der lässt sie einfach weg oder ersetzt sie durch gebratene Leberwürste.

Mamas Tipp

Manchmal war es einfach gut, dass wir früher nicht immer wussten, was wir genau essen ...

Herzhaftes Würstelgulasch

50 Gramm Speck
200 Gramm Zwiebeln
1 Knoblauchzehe
500 Gramm Wiener, Debrecziner oder was immer an Fleischwurst weg muss
2 rote oder gelbe Paprikaschoten
2 Esslöffel süßes Paprikapulver
1/2 Esslöffel Paprikapulver scharf
1/2 Esslöffel Thymian
Zucker
480 Gramm (Abtropfgewicht) geschälte Tomaten aus der Dose (oder frische Fleischtomaten)
Salz
200 Gramm Schmand
1 Esslöffel Mineralwasser mit Kohlensäure

Speck und Zwiebeln würfeln, Knoblauch fein hacken. Wurst in ein Zentimeter dicke Scheiben schneiden. Paprikaschoten vierteln, entkernen und in Würfel schneiden.
Den Speck bei scharfer Hitze knusprig anbraten, Zwiebeln und Knoblauch zufügen. Wurst und Paprikaschoten zugeben und unter häufigem Wenden bräunen.
Paprikapulver, Thymian, Kräuter, Zucker und Tomaten dazugeben (frische Tomaten erst brühen, enthäuten und klein schneiden), zugedeckt bei kleiner Hitze zehn Minuten schmoren lassen. Mit Salz abschmecken. Weitere fünf Minuten köcheln lassen.
Anrichten und den mit wenig Mineralwasser aufgeschlagenen Schmand dazu reichen.
Dazu: Kartoffelbrei

Mamas Tipp

Mit Würstel konnte Mama uns immer glücklich machen, ob am Stück oder kleingeschnitten war uns dabei ziemlich egal.

Porreegemüse mit Hackfleisch

500 Gramm Hackfleisch so zubereiten, als ob man Frikadellen machen würde (siehe Seite 23)

4 Stangen Porree
Salz, Pfeffer
1/2 Liter Brühe
ca. 200 ml süße Sahne

Beilage:
500 Gramm Nudeln oder
8 Kartoffeln

Der zubereitete Hackfleischteig wird unter häufigem Rühren in der Pfanne gebraten bis er durch und leicht braun ist. Dann den in Ringe geschnittenen Porree dazugeben und gar dünsten. Mit Salz und Pfeffer abschmecken, die Brühe angießen und alles 20 Minuten köcheln lassen. Jetzt nach Belieben Sahne dazugießen und nochmals abschmecken. Dazu gibt's Salzkartoffeln oder Nudeln.

Mamas Tipp

Hackfleisch aßen wir zwar am liebsten in Form eines Hamburgers, aber Mama wollte ja auch, dass wir Gemüse essen …

Essen bei Freunden

Das Essen bei Freunden war so eine Sache. Wenn man zum Mittagessen eingeladen wurde, weil die eigene Mama beim Frisör war oder beim Arzt oder was auch immer, endete das nicht selten im Streit mit der Freundin/dem Freund. Denn die einladende Mama wollte natürlich immer was ganz besonders Leckeres machen, also entweder Schnitzel mit Pommes oder Spaghetti mit Tomatensauce. Das hatte zwei Gründe: Zum einen die Einsicht, dass man da eigentlich nichts falsch machen kann. (Falsch gedacht.) Der zweite Grund war ihre eigene Eitelkeit. Die stille Hoffnung nämlich, dass das eingeladene Kind abends nach Hause kommt und sagt: „Mama, das Schnitzel bei Frau Schmidt schmeckt viel besser als deins." (Ganz falsch gedacht!)

Was andere Mütter gekocht haben, hat uns eigentlich nie geschmeckt. Aus einem ganz einfachen Grund: Es hat anders geschmeckt als zu Hause. Und man hat mit dieser Wahrheit selten hinterm Berg gehalten, und das gab dann Streit mit der besten Freundin. Und eigentlich ist das bis heute so. Noch immer zettle ich leidenschaftlich einen Streit an, wenn irgendjemand behauptet, seine Mutter mache die besten Reiberdatschi der Welt. Das stimmt nicht, wir stellen das hier jetzt auch ein für alle Mal klar: Es ist meine Mutter, und daran ist nicht zu rütteln.

Nur die Pausenbrote, die waren bei den anderen immer besser. Aber gräm dich nicht, Mama, was sind schon Wurstbrote gegen Reiberdatschi ...

Geschnetzeltes mit Champignons

1 Zwiebel
1 kleines Stück Butterschmalz
1 kleines Stück Zitronenschale
600 Gramm geschnetzeltes Schweinefleisch
Salz, Pfeffer, süßes Paprikapulver
1 Esslöffel Mehl
1/2 Liter Rindsbouillon
250 Gramm Champignons
100 Gramm süße Sahne
evtl. ein Schuss Weißwein

1

Die Zwiebel fein würfeln und in Butterschmalz goldbraun andünsten. Die Zitronenschale hinzugeben, dann das Fleisch beigeben und würzen. Jetzt das Mehl darüber streuen und zuerst etwas im eigenen Saft andünsten lassen, danach mit Bouillon aufgießen und ca. eine Stunde bei kleiner Hitze zugedeckt köcheln lassen.
In einer Extra-Pfanne die geputzten und in Scheiben geschnittenen Pilze andünsten, mit Salz und Pfeffer würzen und zum Fleisch geben.

2

Am Schluss die süße Sahne einrühren und nochmals abschmecken. Und weil wir heute schon erwachsen sind, darf auch ein guter Schuss Weißwein dazu.
Dazu passen Reis, Rösti oder Spätzle und grüner Salat.

Mamas Tipp

Champignons aßen wir damals am liebsten aus der Dose. Die blieben auch beim Kochen so schön hell und schmeckten nicht nur nach langweiligen Pilzen ...

Currygeschnetzeltes mit Früchten

500 Gramm Hähnchenbrustfilet
Salz, Pfeffer, Zimt
Knoblauch
Fett zum Braten
Currypulver
200 Gramm Ananas (Dose)
200 Gramm Pfirsiche (Dose)
1 Banane
150 Milliliter Brühe
(Gemüse- oder Hühnerbrühe)
oder Weißwein
200 Gramm süße Sahne
Curry
600 Gramm Reis

1. Hähnchenfleisch in Streifen schneiden und mit Curry, Salz, Pfeffer, etwas Zimt und Knoblauch würzen. Das Fleisch anbraten, das Dosenobst abgießen und die Flüssigkeit beiseite stellen. Ananas und Pfirsiche in Würfel schneiden, die Banane in Scheiben schneiden und zum Fleisch geben. Etwas Flüssigkeit vom Obst zufügen und mitkochen. Mit Brühe oder Wein und Sahne ablöschen und mit Curry und vielleicht noch einer Prise Zimt nachwürzen und abschmecken.

2. Reis kochen und dazu servieren oder auch direkt in der Pfanne unter das Fleisch heben. Das war Mama exotische Geschnetzeltes-Variante. Wer mag, kann natürlich auch Mandarinen aus der Dose nehmen.

Mamas Tipp

Natürlich kann man auch jedes andere Dosenobst verwenden, Hauptsache es schmeckt exotisch.

Serbisches Reisfleisch mit Paprika

500 Gramm Schweineschnitzel
1 große Zwiebel
1 Knoblauchzehe
3 große Paprikaschoten
1 frische rote Chilischote
1 geh. TL süßes Paprikapulver
Öl zum Braten
Salz
2 Esslöffel Tomatenmark
1,5 Liter Fleischbrühe
1 Messerspitze Chilipulver
2 Fleischtomaten oder
Tomatenwürfel aus der Dose
300 Gramm Langkornreis

1 Das Schweinefleisch waschen und trockentupfen, dann würfeln. Die Zwiebel und den Knoblauch schälen, in kleine Würfel schneiden. Paprika säubern und klein würfeln, die Chilischote halbieren, die Kerne entfernen, dann klein schneiden. In einem Topf etwas Öl erhitzen, das Schweinefleisch scharf anbraten und auf einem Teller beiseite stellen. Die Zwiebel und den Knoblauch in Öl andünsten, dann die Paprikastückchen und die Chilischote dazugeben und unter

2 Rühren weiterdünsten lassen. Das Fleisch wieder dazugeben, mit Salz, Paprikapulver und dem Tomatenmark würzen, umrühren und soviel Fleischbrühe zugießen, dass das Fleisch knapp bedeckt ist. Zugedeckt bei geringer Hitze eine Stunde schmoren lassen, dabei immer wieder etwas umrühren und, wenn nötig, etwas Fleischbrühe nachgießen. Fleischtomaten heiß überbrühen, die Haut abziehen, in größere Stücke schneiden. Oder Tomaten-

3 würfel aus der Dose nehmen und zum Fleisch geben. Den Reis mit der restlichen Fleischbrühe in den Topf geben und 20 Minuten gar köcheln. Mit Salz, Pfeffer und Chili abschmecken.
Kinder mögen gerne noch einen Schuss Ketchup dazu!

Mamas Tipp

Ganz wichtig ist hier viel frischer Paprika – und am schönsten sieht es aus, wenn man je eine rote, gelbe und grüne Schote verwendet.

Szegediner Gulasch

600 Gramm Schweinefleisch
200 Gramm Zwiebeln
1 Knoblauchzehe
Öl zum Braten
1 Teelöffel süßes Paprikapulver
Salz, Pfeffer
wer mag: gestoßener Kümmel
Zucker
1 Lorbeerblatt
1 Esslöffel Tomatenmark
500 Gramm Sauerkraut
etwa 0,5 Liter heißes Wasser
125 Gramm saure Sahne

Das Fleisch in Würfel schneiden, Zwiebel und Knoblauch schälen und klein schneiden, in Öl andünsten und das Paprikapulver darüber streuen. Die Fleischwürfel dazugeben, rundum anbraten. Gewürze, Zucker, Tomatenmark und Sauerkraut untermischen. Jetzt mit soviel Wasser aufgießen, dass alles bedeckt ist. Zugedeckt bei mäßiger Hitze etwa eineinhalb Stunden schmoren lassen, bis das Fleisch weich ist. Am Schluss saure Sahne untermischen und anrichten!

Dazu schmecken Kartoffeln oder Kartoffelbrei.

Kotelett mit Haube

Öl zum Einfetten der Auflaufform
4 Nackenkoteletts/Halsgrat
Salz, Pfeffer
Estragon (getrocknet)
1 Bund Frühlingszwiebeln
1 rote Paprikaschote
1 Bund Petersilie
1 Knoblauchzehe
100 Gramm durchwachsener Speck
250 Gramm Schmand

Eine Auflaufform mit Öl ausreiben. Die Nackenkoteletts würzen und in die Form legen. Die fein gehackten Frühlingszwiebeln, Paprika, Petersilie, Knoblauch und den gewürfelten Speck mit dem Schmand verrühren und die Masse über die Koteletts streichen. Bei 170 Grad (Ober- und Unterhitze) etwa 45 Minuten backen.

Mamas Tipp

Flickaklops oder Krisselkrassel

400 Gramm gemischtes Hackfleisch
Öl zum Braten
2 bis 3 Gemüsezwiebeln
Butter zum Braten
5 Fleischtomaten
3 saure Gürkchen
100 ml Gemüsebrühe
Salz, Pfeffer
Sojasauce
250 Gramm Schmand

1

Das Hackfleisch in Öl anbraten, dabei das Fleisch gut zerdrücken, dass es ganz platt und ohne Klümpchen in der Pfanne liegt. Die Zwiebeln schälen, in kleine Würfel schneiden und in einem großen Topf in der Butter glasig werden lassen. Dann das fertig angebratene Hackfleisch aus der Pfanne in den Topf geben (das Fleisch wird in der Pfanne besser krisselig). Tomaten und Gürkchen klein schneiden und dazugeben.

2

Mit einer halben Tasse Gemüsebrühe ablöschen und mit Salz, Pfeffer und Sojasauce abschmecken. 30 Minuten köcheln lassen, bis die Flüssigkeit weitgehend eingekocht ist, dann ganz zum Schluss den Schmand darunter rühren.
Dazu lieben wir Pellkartoffeln.

Mamas Tipp

Das Gericht heißt auch Krisselkrassel, weil das Fleisch in der Pfanne so krisselig aussieht.

Sauerkraut mit Mettwurst und Kassler ...

1 Kilogramm rohes Sauerkraut
2 Esslöffel Butterschmalz
2 Zwiebeln
250 ml trockener Weißwein
1 säuerlicher Apfel
Wacholderbeeren, Pfefferkörner
wer mag: Kümmel
ca. 1 Liter Fleischbrühe
Salz, Pfeffer
750 Gramm Kassler
4–6 Mettwürstchen
oder Polnische
1 Kartoffel
Zucker

Das Sauerkraut waschen und gut ausdrücken. Das Butterschmalz erhitzen und darin die gewürfelten Zwiebeln glasig dünsten. Das Sauerkraut dazugeben und mitdünsten, etwa fünf Minuten lang. Dabei immer wieder wenden. Mit Weißwein ablöschen. Den geschälten, entkernten und in Scheiben geschnittenen Apfel dazugeben, ebenso einige Wacholderbeeren, Pfeffer und gegebenenfalls den Kümmel.
Mit Brühe aufgießen, so dass das Kraut bedeckt ist. Das mit Salz und Pfeffer gewürzte Fleisch darauf geben und alles eine bis eineinhalb Stunden mit geschlossenem Deckel garen. Nach etwa 40 Minuten die Würstchen dazugeben. Zum Schluss mit einer geschälten und geriebenen Kartoffel andicken und mit Salz, Pfeffer und einer Prise Zucker gut abschmecken.

Mamas Tipp

Am meisten Spaß hat es uns gemacht, mit dem Sauerkraut und den Stampfkartoffeln eine richtige Sauerei zu veranstalten und beides zu vermanschen. Das war auch nicht schlimm, weil am nächsten Tag kam eh alles in einen Topf.

... und dazu Kartoffelbrei

1,5–2 Kilogramm mehlig kochende Kartoffeln
Salz
3 Esslöffel Butter
1/4–1/2 Liter warme Milch
3 Zwiebeln
Butter zum Braten

1

Die Kartoffeln schälen und in Salzwasser gar kochen, abgießen und stampfen. Die Butter dazugeben und nach und nach die warme Milch unterrühren, bis der Kartoffelbrei die Konsistenz hat, die man gerne mag. Mit dem Schneebesen kräftig aufschlagen und salzen. Parallel dazu Zwiebeln in Ringe schneiden und in reichlich Butter goldbraun braten. Über den Kartoffelbrei geben.

2

Diese Portion reicht mindestens für zwei Tage und am besten hat es uns Kindern geschmeckt, wenn man alles auf dem Teller ordentlich vermanscht hat.

Mamas Tipp

Uns schmeckten auch die fertig gerösteten Zwiebeln, die knusperten wir schon vorher direkt aus dem Becher.

Ab sieben bleibt die Küche kalt:

Abendbrot

Wenn abends die Straßenlaternen angingen, war das für viele von uns ein Zeichen: Jetzt ist es Zeit nach Hause zu gehen. Und dort wartete Mama mit dem Abendbrot.

Bei der letzten Mahlzeit des Tages unterteilten sich die Mütter in drei Fraktionen:

1. die Butterbrot-schmier-und-auf-dem-Brettchen-servier-Mama
2. die Kalte-Buffett-Mama
3. die Papa-braucht-abends-was-Warmes-Mama

Bei „Mama 1" durfte man sich den Lieblingsbelag wünschen und der wurde auf Brot geschmiert und bei den ganzen toleranten Müttern sogar vor dem Fernseher serviert.

„Mama 2" dekorierte alles, was der Kühlschrank hergab (Aufschnitt, Schinken, Käse, Gürkchen und manchmal auch nutella) auf dem Küchentisch, an dem sich dann die Familie versammelte. Ob Papa dabei war, hing davon ab, wie lange er an diesem Tag arbeiten musste.

Bei „Mama 3" musste es abends was Warmes sein, denn Papa hat ja „den ganzen Tag noch nichts Anständiges zu Essen gehabt". Dafür gab es dann oft mittags weniger.

Egal, welche Variante Mama bevorzugte: Das Abendbrot war eine Institution. Rückblickend betrachtet, war das ja auch schön so. Nur damals waren wir da anderer Meinung, weil

a) zu dieser Uhrzeit die besten Sendungen im Fernsehen kamen und

b) weil das der Zeitpunkt war, an dem wir Papa den Fünfer in Mathe beichten mussten.

Fisch mit „falscher Sauce"

Für den Fisch:
4 Fischfilets, z. B. Rotbarsch oder Kabeljau
1 Zitrone
Salz, Pfeffer
1 Ei
80 Gramm Mehl
80 Gramm Paniermehl
Butterschmalz zum Braten

Für die Sauce:
3 Zwiebeln
80 Gramm Butter
60 Gramm Mehl
Salz, Pfeffer
Maggi
Fondor
Zucker
einen Spritzer Essigessenz

1
Den Fisch waschen, trockentupfen und mit Zitronensaft beträufeln, ein bisschen trocknen lassen, mit Salz und Pfeffer würzen und zehn Minuten ziehen lassen. Fischfilets in Mehl wenden. In einem Teller das Ei leicht verrühren und die Filets durch die Eimasse ziehen. Auf einem weiteren Teller Mehl und Paniermehl vermischen und den Fisch damit panieren. Anschließend die Filets in einer Pfanne mit nicht zu wenig Butterschmalz braten, bis sie goldbraun sind.

2
Rezept Sauce:
Die Zwiebeln klein schneiden und in heißer Butter glasig dünsten, das Mehl dazugeben und rühren, bis es sich verbindet. Dann Wasser dazugeben (so lange bis die Sauce ungefähr so flüssig ist wie eine dickflüssige Sahnesauce). Mit den Gewürzen, dem Zucker und dem Essig abschmecken.

Mamas Tipp

Den Fisch kann man nun pur essen, mit Zitrone, Ketchup oder Remoulade. Bei uns zu Hause gab es dazu Kartoffeln und meist noch die „Falsche Sauce".

Ein Löffel für Mama, einen für Papa, einen für Tante Karola …

Das Suppendilemma!

Der Werbeslogan: „Etwas Warmes braucht der Mensch" wurde von vielen Müttern als pädagogisch wertvoll eingestuft und wurde somit Teil der Erziehung. Suppe war wichtig, Suppe musste gegessen werden. Wir Kinder, jedes ein geborener Suppenkaspar, haben das mit dem Warmen nie verstanden. Pommes isst man ja schließlich auch nicht kalt. Und die sind doch einfach viel leckerer!

Und überhaupt Suppe: Entweder war Gemüse drin, oder es schwammen ekelige Fettaugen oben drauf. Das war iiiihhh, das war bäh, und außerdem hat man sich regelmäßig die Zunge daran verbrannt. Von wegen warm … – heiß!!!

Ein gewisser Unterhaltungswert stellte sich erst mit der ersten Klasse ein. Plötzlich machte Buchstabensuppe Spaß, weil man aus der Vorspeise seinen Vornamen basteln konnte. Buchstabensuppe war das einzige Essen, mit dem man ungestraft am Tisch spielen durfte. Wer allerdings zehnmal seinen Namen aus der Suppe geholt hatte, fand's irgendwann auch langweilig.

Heute haben wir zu Suppen immer noch ein gespaltenes Verhältnis. Entweder man mag die modernen, Tom Kha Gai und Kürbiscremesuppe, oder die Klassiker, Pfannkuchen- oder Grießnockerlsuppe. Oder man ist nach wie vor ein Suppenkaspar.

Die Lieblingssuppe – Buchstabensuppe

400 Gramm Rindfleisch
2 Stück Rinderknochen
1 Stange Porree
1/2 Sellerieknolle oder
2 Petersilienwurzeln
3 Möhren
Salz, Pfeffer
1 Esslöffel Instant Gemüsebrühe
Schnittlauch
1 Päckchen Buchstabennudeln

1

Zuerst das Rindfleisch und die Knochen waschen. Dann in einem Topf zwei Liter Wasser zum Kochen bringen und das Fleisch und die Knochen hineingeben. Ungefähr eine Dreiviertelstunde köcheln lassen und dann das klein geschnittene Gemüse dazugeben. Nach ca. 15 Minuten ist die Suppe fertig und kann mit Salz, Pfeffer und Gemüsebrühe abgeschmeckt werden. Das Gemüse sollte noch Biss haben. Die Buchstabennudeln geben wir nach Packungsanleitung in den letzten Minuten dazu. Im Suppenteller den klein geschnittenen Schnittlauch darüber streuen.

Man kann alles Mögliche in die Suppe geben: Pfannkuchenstreifen, Maultaschen, Leberspätzle, Markklößchen, Grießnockerl usw. Ach ja, natürlich kann man in die Suppe dann noch Maggi geben!

Was ist eigentlich Maggi?

Maggi ist nicht nur Würze, Maggi ist ein Stück deutsches Kulturerbe – und das, obwohl der Erfinder, Julius Maggi, ein Schweizer war. Die Flasche, deren Design sich über die Jahre kaum verändert hat, stand in jeder Küche, die Form hat was Majestätisches, und irgendwie war Maggi so was wie die Königin der Küche – und ist es erstaunlicherweise noch heute und das, obwohl Maggi für viele kulinarische Katastrophen verantwortlich zeichnen muss, weil es immer und überall zum Einsatz kam. Maggi besteht aus pflanzlichem Eiweiß, Wasser, Salz, Aroma, Glutamat und Hefeextrakt. Der Geschmack des Liebstöckelkrauts ist dem Maggi-Aroma so ähnlich, dass das Kraut sogar Maggi-Kraut genannt wird. Dabei wird für Maggi überhaupt kein Liebstöckel verwendet.

Feine Spargelcremesuppe

400 Gramm Spargel
Salz
Zucker
40 Gramm Butter
40 Gramm Mehl
200 Gramm süße Sahne
Pfeffer
Maggi
1/2 Bund Schnittlauch

Den Spargel waschen und schälen (die Schalen nicht wegschmeißen!) und die Enden abschneiden. Dann den Spargel in etwa vier Zentimeter große Stücke schneiden. Die Spargelschalen mit einem Liter kaltem Wasser aufsetzen, Salz und Zucker dazu geben und zum Kochen bringen. Etwa zehn Minuten köcheln lassen, dann die Flüssigkeit durch ein Sieb in einen anderen Topf gießen und den Sud mit den Spargelstücken aufsetzen und etwa 20 Minuten bei schwacher Hitze garen. Dann die Spargelstücke wieder herausfischen und in etwas Sud warm halten. In einem anderem Topf die Butter zerlassen, das Mehl darin anschwitzen und mit dem Spargelsud ablöschen und unter ständigem Rühren aufkochen, die Sahne unterrühren, aufkochen, dann die Temperatur zurückdrehen. Mit Salz, Pfeffer und Maggi abschmecken und mit Schnittlauch bestreuen.

Mamas Tipp

Ein Klassiker auch bei den Suppen von Maggi. Auf die hat vor allem Papa gerne zurückgegriffen, wenn Mama mal nicht zuhause war.

Zwiebelsuppe

1 Kilo Zwiebeln
Öl zum Braten
2 Esslöffel Mehl
1,5 Liter Fleischbrühe
125 Milliliter Weißwein
Salz, Pfeffer
Maggi
3–4 Scheiben Toastbrot
2 Esslöffel Butter
wer mag: geriebener Parmesan

Die Zwiebeln werden in Ringe geschnitten. Das Öl in einem Topf erhitzen und die Zwiebelringe darin goldgelb dünsten. Das Mehl über die Zwiebeln streuen und mitdünsten, bis es goldgelb ist. Dann unter Rühren mit der Brühe und dem Wein ablöschen. Mit den Gewürzen abschmecken. Das Toastbrot in Würfel schneiden (ja, ja, heute sagen wir dazu Croûtons) und in der Butter bis zum gewünschten Bräunungsgrad anrösten. Wer mag, streut noch Parmesan drüber.

Gulaschsuppe

1 große Zwiebel
1 Paprikaschote
20 Gramm Schweinefett
1 Esslöffel Öl
300 Gramm Rindfleisch
Salz
1 Esslöffel Tomatenmark
Majoran
Pfeffer
3 große Kartoffeln
1 Esslöffel süßes Paprikapulver
1 Liter Fleischbrühe

Zwiebel und Paprika klein schneiden, in zerlassenem Schweinefett und Öl dünsten. Rindfleisch in Würfel schneiden, leicht salzen. Dann das Fleisch im Zwiebel-Paprika-Gemisch anschmoren. Tomatenmark, Majoran, Pfeffer und die geschälten und gewürfelten Kartoffeln dazugeben und ca 10 Minuten kräftig schmoren lassen. Jetzt mit Paprikapulver bestreuen und mit der Brühe aufgießen. Kochen, bis das Fleisch weich ist. Am Schluss nochmal abschmecken.

Mama hat früher immer die Suppenwürfel dazu benutzt, ein richtiger Gourmet macht die Rindsbouillon natürlich selbst. Aber wir sind gerade keine Gourmets. Wir sind einfach mal wieder Kind!

Am dritten Tag schmeckt's am besten:

Mamas Eintöpfe

Eintöpfe haben bei vielen von uns ein Trauma hinterlassen. Nicht nur, dass es eine undefinierbare Masse war, von der keiner sagen konnte, was es denn nun eigentlich war. Diese Masse war meist auch von einer Ekel erregenden Farbe. Es war ja nicht so, dass wir nicht gerne Mansche gegessen haben. Sehr gerne sogar. Aber entweder musste die Mansche selbst angerührt sein oder süß. Das alles wäre ja schon schlimm genug gewesen. Aber es kam noch härter. Das „Ich-weiß-nicht-was-es-ist-aber-ich-weiß-dass-es-eklig-ist"-Zeug gab es nicht nur einmal (aber dabei heißt es doch EINtopf??), in der Regel gab es das Zeug gleich mehrere Tage hintereinander.
Denn, Zitat Mama: „Am dritten Tag schmeckt's am besten!"
Hier also die kulinarische Kinderhölle zum Nachkochen.

Die nervigsten Ermahnungen unserer Eltern beim Essen

Du willst doch groß und stark werden! • Mit Essen spielt man nicht! • Es wird gegessen, was auf den Tisch kommt! • Mit vollem Mund spricht man nicht! Da waren die Augen mal wieder größer als der Mund. • Hör auf zu zappeln! Ellbogen vom Tisch! • Mit den Fingern isst man nicht! • Schmatz nicht so! Wenn du nicht aufisst, gibt's keinen Nachtisch. • Wenn du nicht aufisst, gibt's morgen schlechtes Wetter. • Du stehst erst auf, wenn du aufgegessen hast. Leck das Messer nicht ab. • Nicht operieren, sondern essen • Setz dich gerade hin! • Kippel nicht mit dem Stuhl!

Pichelsteiner Eintopf

125 Gramm Rindfleisch
125 Gramm Schweinefleisch
125 Gramm Kalbfleisch
Salz, Pfeffer
2 Zwiebeln
Fett zum Braten
1/2 Kopf Weißkraut
500 Gramm Kartoffeln
3 Möhren
2 Porreestangen
1/4 Knolle Sellerie
1/2 Liter Gemüsebrühe
Kümmel (wer ihn mag)
1 Bund Petersilie

1

Das Fleisch würfeln und gut mit Salz und Pfeffer würzen. Dann wird das Fleisch mit den klein geschnittenen Zwiebeln gut angebraten. In der Zwischenzeit das Gemüse putzen und zerkleinern. Auf die Form kommt es nicht wirklich an, das kann jeder halten, wie er will, ob Möhrenwürfel oder -scheiben, je nach Gusto. Grundsätzlich kann man auch mit den Gemüsesorten variieren. Jetzt nehmen wir die Hälfte des Fleisches wieder aus dem Topf und schichten lagenweise Gemüse, Kartoffeln und Fleisch. Jede Schicht wird dabei gewürzt, die oberste Schicht sind Kartoffeln! Jetzt mit der heißen Brühe aufgießen und bei guter

2

Hitze dünsten. Dann die Hitze vermindern und mit geschlossenem Deckel gar dünsten. Wichtig: Während des Garens nicht rühren, besser schütteln!! Garzeit ist ca. eine Stunde, je nachdem wie knackig man das Ganze mag. Zum Servieren mit reichlich Petersilie bestreuen.

Mamas Tipp

Spitzkohleintopf

750 Gramm Schweinefleisch, Rippchen und Bauch
1 Spitzkohl oder 1 Wirsing
500 Gramm Kartoffeln
1/2 Liter Fleischbrühe
ca. 50 Gramm Butter
Salz, Pfeffer
etwas Kümmel

Das Fleisch vorkochen und anschließend die dicken Rippen wegwerfen. Spitzkohl oder Wirsing säubern und in ein Zentimeter breite Streifen schneiden. Die Kartoffeln schälen und würfeln. Das Fleisch herausnehmen und Kartoffeln und Spitzkohl oder Wirsing etwa eine halbe Stunde in der Brühe kochen. Alles stampfen, ein Stück Butter dazu und gut abschmecken. Das Fleisch wieder in den Topf geben und langsam erwärmen.

Möhreneintopf

500 Gramm Beinscheibe oder hohe Rippe
Salz, Pfeffer
1-2 Stangen Porree
1 Sellerieknolle
750 Gramm Möhren
1/2 Bund Petersilie
3 Pfund Kartoffeln
4-6 Mettwürste
Maggi
pro Person eine Mettwurst

Das Fleisch in einem Liter Wasser mit Salz und Pfeffer eine Stunde kochen. Den Porree säubern, in Ringe schneiden, die Sellerieknolle und die Möhren schälen und würfeln. Die Petersilie in dünne Streifen schneiden. Die Kartoffeln schälen und würfeln. Das Fleisch herausnehmen und dann das Gemüse in der Brühe weich kochen.
Die Mettwürste dazugeben und mitkochen. Zum Schluss mit Maggi abschmecken und die Petersilie untermischen.

Mamas Tipp

Variante 1: Pro Person eine Mettwurst kurz mitkochen.
Variante 2: Das Gemüse mit etwas ausgelassenem Speck anreichern.

Erbseneintopf oder Linseneintopf

500 Gramm getrocknete ungeschälte Erbsen (über Nacht in kaltem Wasser eingeweicht) oder getrocknete Linsen

750 Gramm Schweinefleisch, z. B. Bauch/Wammerl (Damals mochte man es wohl ein bisschen fetter, muss man aber nach Geschmack kaufen.)
Salz, Pfeffer
2 Zwiebeln
4 Stangen Porree
1 Sellerieknolle
1 Möhre
1/2 Bund Petersilie
1 Brühwürfel Rinderbrühe
3–4 Scheiben fetter Speck
4–6 Mettwürstchen oder Polnische
1–1,5 Kilogramm Kartoffeln
Maggi

Das Fleisch in einem Liter kaltem Wasser ansetzen, salzen, pfeffern, eine gewürfelte Zwiebel dazugeben und zum Kochen bringen. Etwa eine Stunde kochen lassen. Das Fleisch herausnehmen und beiseite stellen. Die Erbsen abgießen und zur Brühe geben, wieder zum Kochen bringen, evtl. etwas Wasser dazugeben. Ca. eine halbe Stunde köcheln lassen. Porree säubern, in Ringe schneiden, Sellerie und Möhre schälen, würfeln. Petersilie fein schneiden und alles zu den Erbsen geben.

Speck in einer Pfanne auslassen und eine gewürfelte Zwiebel darin dünsten – zusammen mit dem Brühwürfel in die Flüssigkeit geben. (Den Speck vor dem Servieren wieder rausfischen.) Eine halbe Stunde köcheln lassen und für die letzte halbe Stunde die Würstchen mitkochen lassen. Kartoffeln schälen, in Salzwasser kochen, abgießen, zerstampfen und unter die Suppe heben. Mit Salz, Pfeffer und Maggi abschmecken und das Fleisch in der Suppe erwärmen.

Mamas Tipp

Linseneintopf funktioniert genauso. Nur, dass man die Linsen nicht einweichen muss. Bei Linsen schmeckt immer noch ein guter Schuss Balsamico dazu.

Fastfood bei McMama

Was ein „schnelles Gericht" war, hat uns damals nicht interessiert, geschmeckt hat es uns trotzdem. Und dass Mama manchmal keine Lust hatte zu kochen, wussten wir damals auch nicht.

Wenn's in der Küche mal schnell gehen musste:

Fastfood bei McMama

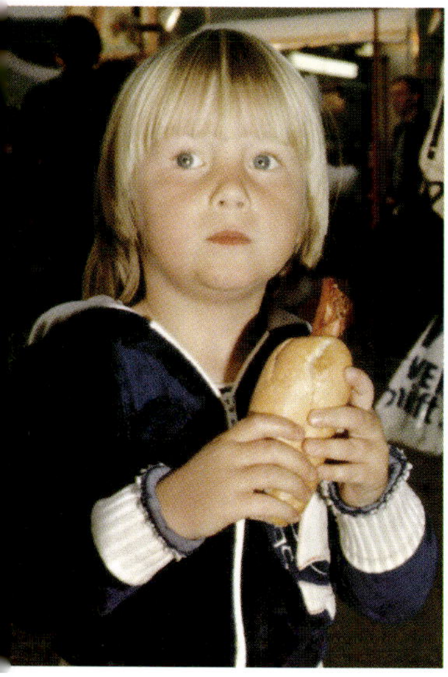

Wenn Mama keine Zeit hatte, gab's schnelle Gerichte. Und manchmal, aber das haben wir erst viel später raus gefunden, hatte Mama zwar Zeit, aber einfach keine Lust zu kochen. Die Lüge haben wir ihr aber verziehen. Denn wir liebten Mamas Fastfood. Zum einen, weil so gut wie nie Gemüse dabei war. Und Spinat, der zu den Fischstäbchen gehörte wie Ken zu Barbie, der war ja irgendwie kein richtiges Gemüse. Außerdem war da ja auch der Spaßfaktor. Die Wiener Würstl durften wir mit der Hand essen, im Toast Hawaii steckte, wenn wir Glück hatten, ein bunter Schirm, den wir nachher unserer Playmobil-Prinzessin vererbten und die Pellkartoffeln mit Quark konnten wir nach Herzenslust zermanschen, ohne das jemand „Mit Essen spielt man nicht" geschrieen hätte.

Später kamen schnelle Gerichte dann immer öfter aus der Tiefkühltruhe, und das war besonders toll, weil: Wir durften (schon bei der

Bestellung aus dem bo*frost-Katalog) bestimmen, was es zu Mittag gab und mussten nicht einfach essen, was auf den Tisch kam.

Mama hat dann zwar oft ein schlechtes Gewissen bekommen. Das lag aber besonders daran, dass sie Angst vor der eigenen Mutter bekam, die ihr dann zum tausendsten Mal mit der Anklage „Das Kind kriegt ja nichts Anständiges zu essen" in den Ohren lag.

Dabei hat Mama uns mit ihrem Fastfood für unsere erste Wohnung und ein Leben ohne Mama gerüstet und somit vor echten Lebensmittelengpässen bewahrt. Denn Dank Armer Ritter und Pellkartoffeln mit Quark mussten wir uns nicht ausschließlich von Tiefkühlpizza ernähren. Und auch heute noch wird uns warm ums Herz, wenn wir uns einen Strammen Max machen. Und wir denken dabei nur an dich, Mama ...

Wenn's noch schneller gehen musste:

Der Mythos Miracoli

Deutschland in den Fünfzigern: Mit Isetta und Käfer rollte, wer es sich leisten konnte, über den Brenner Richtung Bella Italia – und entdeckte ein ganz neues Lebensgefühl und die Lust auf Pasta, Pizza und Parmesan. 1961 reagierte die Firma Kraft mit einer genialen Neuentwicklung: Miracoli. Spaghetti, Tomatenmark aus dem Alubeutel statt aus Tube oder Dose, einer geheimen Kräutermischung und einem Beutel Parmesello (der nie gereicht hat für vier Personen). Die Rezeptur wurde, seit sie auf den Markt kam, übrigens kein einziges Mal verändert. Und für ganze Generationen war Miracoli gleich Spaghetti mit Tomatensauce, weil ganz viele Mamas sich gar nicht mehr die Mühe machen wollten, es besser zu machen. Und darüber waren wir auch nicht böse.

Spaghetti mit Tomaten-sauce und Parmesan

2 Kilogramm Eiertomaten, möglichst süß (wir brauchen soviel, weil wir nur das Fruchtfleisch verwenden)
Olivenöl zum Braten
1 Zwiebel
3 Knoblauchzehen
Salz, Pfeffer
Zucker
1/4 Liter Gemüsebrühe
500 Gramm Spaghetti

1

Die Tomaten in ein großes Sieb legen und mit kochendem Wasser überbrühen. Dann schälen und die Kerne und das flüssige Mark entfernen, wir verarbeiten nämlich nur das Beste: das Fruchtfleisch. In einer großen Pfanne Öl erhitzen und die gehackte Zwiebel andünsten. Ein paar Minuten später die gehackten Knoblauchzehen mitdünsten. Jetzt das Fruchtfleisch dazugeben, salzen und pfeffern, eine Prise Zucker und die Brühe dazu.

2

Jetzt eine Stunde oder länger einkochen lassen. Wenn die Sauce zu dick wird oder an der Pfanne anliegt, einfach noch ein bisschen Brühe dazugießen.
Die Spaghetti al dente kochen, abgießen und mit kaltem Wasser abschrecken, dann zurück in den Topf, die Sauce zugeben und gut vermengen und noch mal erwärmen. Mit frisch gehobeltem Parmesan servieren.

3

Diese Sauce ist ausbaufähig. Wenn man zerkleinerte Chilischoten dazugibt, hat man Spaghetti Arrabiata. Oder man gibt Sardellen und Kapern dazu, dann zaubert man Spaghetti Siciliana.

Natürlich kann man auch gewürfelte Tomaten aus der Dose nehmen, das geht schneller, die Sauce ist aber immer noch selbstgemacht.

Fisch gut in Form

Wie bringt man Kinder dazu, Fisch zu essen? Die Lösung fanden Mitarbeiter der britischen Tiefkühlkostfirma „Bird's eye". Und sie war so einfach wie genial: Fischstäbchen. Sie sehen nicht aus wie Fisch, riechen nicht nach Fisch und – ganz ehrlich – schmecken auch nicht nach Fisch, sondern nach Panade. Aber es funktionierte nicht von Anfang an. Die ersten Fischstäbchen, die 1955 auf den Markt kamen, waren nämlich aus Hering und schmeckten der angepeilten jungen Zielgruppe überhaupt nicht. Erst als der Hering durch Kabeljau ersetzt wurde, waren die neuen Stäbchen ganz schnell in aller Munde. 1959 kamen die Fischstäbchen nach Deutschland. Heute werden zur Produktion von Fischstäbchen die Fischsorten verwendet, die gerade nicht überfischt sind. Iglo verarbeitet derzeit je nach Saison und Fangzeit Alaska-Seelachs, Seelachs, blauen Seehecht oder Seehecht. Welcher Fisch genau in den Stäbchen ist, kann man an der Lasche sehen, auf der auch das Haltbarkeitsdatum aufgedruckt ist.

Die Fische werden nach dem Fang noch auf See zu 7,5 Kilogramm schweren Fischblöcken verarbeitet und eingefroren. In der Fabrik dauert es dann 45 Minuten, bis aus dem Fischblock Fischstäbchen werden. Jedes Fischstäbchen ist 30 Gramm schwer (darauf wird übrigens penibelst geachtet, denn wenn auch nur ein Gramm mehr drin wäre, würde das bei einer Produktion von fünf Millionen Fischstäbchen am Tag fünf Tonnen Fisch mehr ausmachen), neun Zentimeter lang, 2,6 Zentimeter breit und 1,3 Zentimeter dick. Fischstäbchen bestehen zu 35 Prozent aus Panade und zu 65 Prozent aus Fisch.

Fischstäbchen mit Spinat und Spiegelei

1 Packung Fischstäbchen
1 Packung Spinat
pro Person 1 Ei

Eine große Packung Tiefkühl-Spinat und zwei Packungen Fischstäbchen kaufen. Beides nach Anweisung zubereiten. In einer weiteren Pfanne die Spiegeleier braten und über den Spinat geben.

Mamas Tipp

Im Geburtsort des Fischstäbchens, der englischen Hafenstadt Grimsby werden jährlich übrigens so viele Fischstäbchen produziert, dass man die Erde 42-mal umrunden könnte, würde man alle Fischstäbchen hintereinander legen.

Übrigens: Der Iglo-Rahmspinat kam 1961 auf den Markt. Somit war die Bahn frei für die einzigartige und untrennbare Kombination aus Fischstäbchen und Spinat. Fragt sich nur: Was haben die Leute die zwei Jahre vor der Spinateinführung zu den Fischstäbchen gegessen?

Toast Hawaii

8 Scheiben Toastbrot
Butter
8 Scheiben gekochter Schinken
8 Scheiben Ananas
(frisch oder als Konserve)
8 Scheiben Käse
(am besten Scheiblettenkäse)

Den Ofen auf 180 Grad (Ober- und Unterhitze) vorheizen. Das Toastbrot toasten, mit wenig Butter bestreichen. Auf jedes Brot eine Scheibe Schinken, eine Ananasscheibe und eine Scheibe Käse legen. Toast auf das Backblech legen und überbacken, bis der Käse zerlaufen ist. Wer mag, kann in das Loch der Ananas noch eine Cocktailkirsche legen. Schmeckt zwar nicht, sieht aber gut aus. Und: Wer's käsiger mag, nimmt pro Toast zwei Scheiben Käse.

Wer hat den Toast Hawaii erfunden?

Den Toast Hawaii verdanken wir dem ersten deutschen Fernsehkoch: Clemens Wilmenrod. Er moderierte seine Sendung „Clemens Wilmenrod bittet zu Tisch" von 1953 bis 1963 im WDR in Begleitung seiner Ehefrau Erika und dem Schnellbrater „Heinzelkoch". Wilmenrods Küche war geprägt durch die Nachkriegszeit und den Mangel an Lebensmitteln. So kochte der erste Fernsehkoch auch mit Dosengemüse, Fertigsaucen und sogar Ketchup. Und erfand dabei den Toast Hawaii.

Stilecht wird der Toast Hawaii mit einem Papierschirmchen serviert, besonders für Gäste haben wir das gemacht, dann war es noch exotischer.

Arme Ritter

für 1 Person

ca. 200 ml Milch
1 Ei
2 Scheiben Weißbrot oder Toast
Fett zum Braten
Zucker
Zimt

Zuerst die Milch in einem Suppenteller mit dem Ei verquirlen, dann von beiden Seiten die Brotscheiben in die Masse tunken und in der Pfanne mit etwas Fett goldbraun braten. Mit Zucker und Zimt bestreuen. Lecker dazu: Vanillesauce, Obstkompott, Honig oder Ahornsirup.
Es gibt übrigens auch Reiche Ritter. Dabei klappt man zwei Scheiben Brot aufeinander und füllt sie in der Mitte mit nutella oder Marmelade.

Warum heißen die nur so?

Die Armen Ritter gibt es schon sehr lange. Erstmals wurden sie bei den Römern im 1. Jahrhundert nach Christus erwähnt – damals allerdings unter dem Namen „Güldene Schnitte".
In Deutschland tauchten sie unter diesem Namen erstmals in einem Nürnberger Kochbuch von 1691 auf. Der Name „Armer Ritter" ist vergleichsweise jung, erstmals zu finden ist er in einem Kochbuch von 1787.
Es dauerte aber bis Ende des 19. Jahrhunderts, bis sich die Bezeichnung „Armer Ritter" gegen die „Güldenen Schnitten" durchsetzte.

Bei den Engländern heißt der „Arme Ritter" „Poor knights of Windsor", bei den Amerikanern „French Toast", in Frankreich „pain perdu", auf spanisch „torrigas", die Holländer lassen sich „wentelteefje" schmecken und die Österreicher „Povesen".

Strammer Max *für 1 Person*

Fett zum Braten
2 Eier
2 Scheiben Brot
Butter
6 Scheiben Schinken
Salz, Pfeffer

Fett in der Pfanne erhitzen und Spiegeleier braten. In der Zwischenzeit die Brotscheiben mit Butter bestreichen. Dann den Schinken darauf legen und die Spiegeleier darüber, mit Salz und Pfeffer würzen. Wer mag, kann noch Tomaten oder saure Gurken aufs Brot legen. Lecker schmeckt es auch, wenn man das Brot vorher wie Bratebrote zubereitet.

Mamas Tipp

Knusprige Bratebrote

Brot
Butter

Nach Wunsch:
Zucker
Schokostreusel
Schinken
Käse

Mamas Tipp

Altes oder frisches Brot in viel Butter in der Pfanne knusprig braun braten.
Ist schon solo ein Genuss.
Mann kann sich aber auch alles Mögliche drauf streuen, Zucker oder Schokostreusel zum Beispiel.
Oder man legt noch in der Pfanne auf die erste angebratene Seite eine Scheibe Schinken und eine Scheibe Käse und wartet, bis der Käse geschmolzen ist.

Im Sommer durften wir das Brot immer bei Papa auf den Grill legen.

Schinkennudeln

500 Gramm Nudeln (was gerade übrig ist, am besten Spiralnudeln, weil da alles so schön drin kleben bleibt)
2 Zwiebeln (wer mag, kann auch Frühlingszwiebeln nehmen)
80 Gramm Butter zum Braten
300 Gramm gemischt Kochschinken und geräucherten Schinken
Salz, Pfeffer
Schnittlauch nach Belieben

Die Nudeln in reichlich Salzwasser kochen, abgießen und abschrecken. Zwiebeln würfeln und in Butter in der Pfanne glasig dünsten. Dann Kochschinken und geräucherten Schinken in Streifen schneiden, dazugeben und weitere fünf Minuten dünsten lassen. Jetzt die Nudeln dazugeben, gut unterrühren, mit Salz und Pfeffer würzen und zum Schluss nach Belieben mit mehr oder weniger geschnittenem Schnittlauch bestreuen!

Wer mag, kann auch noch drei verquirlte Eier darüber hauen. Das macht dann pappsatt.

Nudelauflauf

500 Gramm extrabreite Tagliatelle
Butter
8 Scheiben milder gekochter Schinken
5 Fleischtomaten
400 Gramm süße Sahne
6 Eigelbe
Salz, Pfeffer
Muskatnuss
Semmelbrösel/Paniermehl (oder statt Paniermehl: geriebener Käse zum Überbacken)

Nudeln al dente kochen, Auflaufform mit Butter ausstreichen, eine Schicht Nudeln hineingeben. Schinkenstreifen darauflegen, eine Lage Tomaten, geschält und in Scheiben geschnitten, darüber legen. Mit Nudeln abdecken.
Sahne mit Eigelb, Salz, Pfeffer, Muskat gut verquirlen und darübergießen. Mit Butterflöckchen bedecken und mit Semmelbröseln bestreuen.
20 bis 30 Minuten im auf 180 Grad (Ober- und Unterhitze) vorgeheizten Ofen backen.

Käsevariante: Paniermehl und Butter weglassen und eine Packung geriebenen Emmentaler oder Pastakäse darüber geben.

Das kleine Fastfood-

Currywurst

Die Currywurst hat ihren Ursprung in Berlin. Am 4. September 1949 stand Herta Heuwer in ihrer Würstchenbude in Charlottenburg und erfand angeblich aus reiner Langeweile das kulinarische Kultobjekt. Es regnete an diesem Abend, und weil deshalb keine Kunden kamen, rührte Herta einfach so Tomatenmark und ein paar Gewürze zusammen. Und wurde damit zur Legende. 30 Jahre lang stand sie in ihrer Bude, der „Ersten Curry Wurst Braterei der Welt – oft kopiert und nie erreicht".
1997 kam es dann zum Eklat, als der Schriftsteller Uwe Timm in seiner Novelle „Die Erfindung der Currywurst" einer Hamburgerin die Erfindung zuschrieb. Lena Brückner soll demnach nach Kriegsende auf einer Treppe gestolpert sein, in der einen Hand Ketchup, in der anderen Curry. Die damals 83-jährige Herta Heuwer beendete diesen Krieg kurz und knapp: Sie habe die „Chillup Sauce" 1959 patentieren lassen, die Rezeptur habe sie nie geändert, und Ketchup wäre da sowieso nicht drin! Basta.
Wo auch immer und wer auch immer sie erfunden hat – Hauptsache sie schmeckt. Und das tut sie, denn pro Jahr essen wir 800 Millionen Currywürste.

Döner

Der Döner in seiner heutigen Form, also im Weißbrotfladen mit Salat, Tomaten, Zwiebeln, Joghurtsauce und Gewürzen, wurde 1971 in Berlin erfunden. In seinem Lokal „Hasir" steckt Mehmet Aygün als erster das Fleisch vom Drehspieß in ein Fladenbrot. Döner ist türkisch und heißt „sich drehend" und kebab „das am Spieß gegrillte". Ob der Drehspieß und das Fleisch daran wirklich eine Erfindung der Türken ist, kann man nicht mehr genau nachvollziehen. Erstmals erwähnt wurde der Döner im 18. Jahrhundert in Reiseberichten über Kleinasien. Ursprünglich bestand er ausschließlich aus Hammelfleisch. Der deutsche Döner wird meist aus Rind-, Kalb-, Lamm-, Hühner- oder Putenfleisch gemacht, dem bis zu 60 Prozent Hackfleisch (kein Schwein) zugemischt sind. Der Döner ist mittlerweile der Deutschen beliebtestes Fastfood und hat Currywurst und Hamburger längst den Rang abgelaufen. Zwei- bis dreihundert Tonnen Döner werden jeden Tag verzehrt.

Lexikon

Pommes

... wurden nicht in Amerika und auch nicht in Frankreich, sondern in Belgien erfunden. Denn eines der Leibgerichte der mittelalterlichen Lütticher waren frittierte Sprotten. Da es aber im Winter keine Sprotten gab, weil die Flüsse zugefroren waren, machten die Menschen aus der Not eine der großartigsten Erfindungen der Essgeschichte: Sie schnitten Kartoffeln in Sprottenform und frittierten sie. Im Ersten Weltkrieg steckten sie amerikanische Soldaten mit dieser Leidenschaft an, und die brachten das Rezept nach Kriegsende in die USA. Weil es aber mit den Geographie-Kenntnissen der Amerikaner schon damals nicht zum Besten stand und weil Franzose war, wer französisch sprach, wurden aus frittierten Kartoffelstücken keine belgium fries, sondern french fries.

Pommes sind aus der Kartoffel (lat. solanum tuberosum) geschnittene, in heißem Fett frittierte meist 60 bis 70 mm lange und 8 bis 10 mm dicke Streifen. Dem wahren Pommes-Fan ist das zu einfach. Kenner unterscheiden zwischen vier verschiedenen Pommes-Typen:
Frisch vorfrittierte Pommes frites
Pommes aus Trockenkartoffelmehl
Tiefkühlpommes
Pommes aus rohen Kartoffeln

Hamburger

Über den Hamburger gibt es verschiedene Entstehungsgeschichten. Fest steht: Schon in deutschen Kochbüchern des 19. Jahrhunderts trugen Buletten oft den Namen Hamburgerfleisch. Außerdem sagt man, der Hamburger heißt deshalb so, weil die Hamburger Seeleute, die nach Amerika kamen, so gerne Frikadellenbrötchen aßen und sie in den Straßen New Yorks verkauften.
Eine andere Legende besagt, dass ein Würstchenbrater aus Ohio den Hamburger erfunden hat – aus der Not heraus. Da ein Metzger wegen der großen Hitze im Sommer 1892 nicht genügend Würstchen für ein Volksfest liefern konnte, packte Frank Menches gebratenes Hackfleisch in seine Brötchen.
Als weitere Geburtsstunde des Hamburger gilt die Weltausstellung in St. Louis 1904. Dort sollen die gebratenen Fleischklöpse erstmals in einem Brötchen serviert worden sein – Ketchup und Zwiebeln inklusive. 1921 eröffnete in Kansas der erste richtige Hamburger-Stand, White Castles, von dem dann immer mehr Filialen eröffnet wurden. McDonald's (gegründet 1950) war also nur ein Nachahmer, aber erst das goldene M machte den Burger richtig berühmt, auch in Deutschland, wo 1972 die erste Filiale in München eröffnet wurde.

Warum wir bei Oma am liebsten fremdgegessen haben

Kartoffeln de Luxe

Das Essen bei Omma (erst spät habe ich gelernt, dass man Oma tatsächlich nur mit einem m schreibt) war immer wieder wie der Hauptgewinn an der Losbude. Freie Auswahl, keine Wartezeiten. Zum einen hatte sie im Gegensatz zu Mama einen riesigen Vorrat an Süßigkeiten im Schrank und egal, zu welcher Uhrzeit man mit dem Wochenendköfferchen bei Oma auflief, sie stellte sich immer noch in die Küche, um das Enkelkind glücklich zu machen. Das war meist auch ziemlich einfach, denn dazu musste Oma nur Bratkartoffeln machen. In der kleinen schwarzen schiefen Pfanne mit dem wackligen Holzgriff, die heute in meiner Küche hängt. Oma ist für mich die ungekrönte Bratkartoffelkönigin. Und weil sie es heute nicht mehr kann, mache ich sie akribisch genauso wie sie damals – allerdings nicht mehr jedes Wochenende: aus rohen Kartoffeln statt aus gekochten und nicht in Scheiben, sondern in Pommes ähnlichen Stiften. Und ganz, ganz knusprig ... An dieser Stelle: Danke, Oma ...

Mama kann's nicht lassen ...

Auch wenn wir längst erwachsen sind: Mama hat immer noch den Mutterinstinkt. Das beweist sie durch fürsorgliche Taten und immer noch nervige Sprüche. Aber wir wissen ja: Sie meint es doch nur gut.

Ihre Lieblingssprüche heute:

Isst du genug, Kind? • Willst du noch Nachschlag haben? • Wirklich nicht? Aber mein Tiramisu MUSST du noch probieren! • Aber du kannst doch nicht immer nur in Restaurants essen! • Aber du trinkst doch keinen Alkohol, wenn du fahren musst, oder??? • Hast du abgenommen? • Hast du zugenommen? Du musst mehr Obst essen! • Isst du denn auch gesund? • Aber Kind, du musst doch was frühstücken! • Kaffee und Zigaretten sind kein Frühstück!

Bratkartoffeln nach Ommas Rezept

20 Kartoffeln
3–4 große Zwiebeln
Butterschmalz zum Braten
1–2 Packungen Speck- oder Schinkenwürfel
Salz, Pfeffer

1

Kartoffeln schälen und roh in Stifte schneiden, dass sie so ähnlich aussehen wie Pommes. Die Zwiebeln schälen und in Ringe schneiden. Butterschmalz in einer Pfanne erhitzen und erst die Zwiebeln andünsten, dann den Speck oder Schinken dazutun und knusprig braten. Beides aus der Pfanne nehmen und beiseite stellen. Dann noch mal ordentlich Butterschmalz in die Pfanne, die Kartoffeln reingeben und den Deckel drauf tun. Bei mittlerer Hitze werden die Kartoffeln erst mal nur so weich gegart, dass sie noch ordentlich Biss haben. Dann den Deckel runternehmen und die Hitze erhöhen. Wenn nötig, noch mal Butterschmalz in die Pfanne geben und die Kartoffeln schön knusprig

2

braun braten. Zum Schluss den Speck und die Zwiebeln wieder in die Pfanne geben und unterheben. Gut salzen und pfeffern. Bratkartoffeln vertragen manchmal erstaunlich viel Salz.

Mamas Tipp

Als Hauptgericht kann man außerdem noch Eier über die Kartoffeln schlagen und kurz mitbraten. Heute lieben wir dieses Gericht als „Gröstel“ auf den Berghütten.

Semmelknödel – Knödelgeröstel

10 alte Semmeln
300 ml Milch
60 g Butter
1 mittelgroße Zwiebel
50 Gramm durchwachsener Speck
1 Bund Petersilie
Salz, Pfeffer, Muskat
2 mittelgroße Eier

Für das Geröstel:
Butterschmalz zum Braten
1 Zwiebel
Speckwürfel oder Bratenreste

Semmeln in Scheiben schneiden und in eine große Schüssel geben. Inzwischen die Milch erwärmen und die Butter zerlassen. Die Zwiebel und den Speck fein würfeln, die Petersilie fein hacken und zusammen in der Butter glasig dünsten. Alles auf die Semmeln geben und jetzt die warme Milch darüber gießen. Mit Salz, Pfeffer und Muskat würzen, aber noch nicht umrühren. 30 Minuten durchziehen lassen. Verquirlte Eier über die Masse geben und gründlich durchmischen, aber nicht zu sehr verkneten. Mit angefeuchteten Händen glatte runde Knödel formen.
Salzwasser aufkochen, die Knödel hineingeben und etwa 15 Minuten in siedendem Wasser ziehen lassen. Das Wasser darf nicht kochen! Die Knödel mit der Schaumkelle aus dem Wasser nehmen, auf einem Küchentuch kurz abtropfen lassen. Falls also davon was übrig bleibt, die Knödel am nächsten Tag zum Geröstel verarbeiten. Und das geht so:

Einen großen Löffel Butterschmalz in einer großen Pfanne schmelzen lassen, die Knödel in Scheiben schneiden, in die Pfanne geben und goldbraun anbraten. In einer zweiten Pfanne Zwiebelwürfel glasig dünsten, den Speck oder die Bratenreste dazu und über die Knödelscheiben geben. Gut durchschwenken. Mit Salz und Pfeffer würzen, mit frischer Petersilie bestreut servieren.

Wer mag, kann auch noch zwei, drei aufgeschlagene Eier darüber geben.

Was man immer im Kühlschrank haben sollte

Der Kühl-schrank-Code

1 Eier **2 Speck/Schinken** **3 Zwiebeln**
4 Parmesan **5 Kartoffeln** **6 Sahne**
7 Butter **8 Nudeln** **9 Brot** **10 Milch**

1 + 2 + 6 + 7 = Rühreier
2 + 3 + 5 + 7 = Bratkartoffeln
1 + 2 + 7 + 8 = Schinkennudeln
1 + 2 + 6 + 8 = Spaghetti Carbonara
1 + 2 + 9 = Strammer Max
1 + 2 + 6 = Omelette
7 + 9 = Bratebrote
4 + 5 + 6 = einfaches Kartoffelgratin
1 + 5 = Reibekuchen
5 + 7 + 10 = Kartoffelbrei
1 + 3 + 9 + 10 = Knödel + 1 + 2 = Knödelgeröstel
1 + 10 + Mehl + Zucker = Pfannkuchen
1 + 9 + 10 + Zimt und Zucker/nutella/Honig = Armer Ritter

Die größten Irrglauben der Kindheit:

Spinat wächst im Pappkarton und ist eine Erfindung von Iglo.
Im Ei könnte ein Küken sein.
Obst ist das Gegenteil von Gemüse.
Fischstäbchen sind eine eigene Fischart.
Küsse sind was Ekeliges.
In Schokolade ist Blut drin.
Erbsen und Möhren wachsen gemeinsam an einem Baum.
Kühe sind lila.
Die einzigen Gewürze, die es gibt, sind Salz, Pfeffer und Maggi.

Immer wieder sonntags

Eigentlich könnte jeden Tag Sonntag sein. Im ganzen Haus duftet es, alle haben Zeit und sitzen zusammen am Tisch, auch Oma.

Immer wieder sonntags – und alle Jahre wieder

Familie, Braten & Co

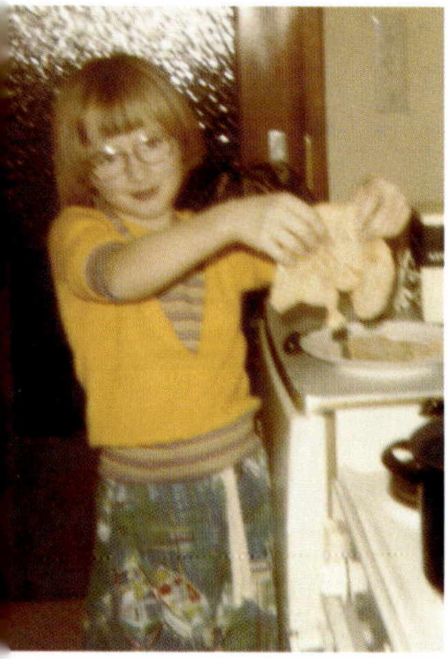

Sonntags- oder Festtagsessen waren für uns Kinder immer ganz besonders toll. Familie und Freunde kamen zusammen, das ganze Haus hat morgens schon nach Braten gerochen, und Mama war meist so im Stress, dass wir unbemerkt aus allen Töpfen und Schalen naschen konnten. Es gab immer die leckersten Sachen, mindestens drei Gänge und viel mehr Beilagen als gewöhnlich. Außerdem gab es ganz viele verschiedene Nachspeisen, und irgendwann später auch noch Kuchen mit viel Sahne dazu. Wir Mädchen durften an diesen Tagen unsere schönsten Kleider anziehen und haben den Vormittag auf einem Stuhl vor dem Spiegel verbracht und Prinzessin gespielt. Und die Jungs haben sich beim Toben meistens schon vor dem Essen die gute Hose ruiniert. Mädchen sind eben doch reifer als Jungs.

Mamas gute Taten ...

- Sie schickt uns Care-Pakete, wenn wir in einer anderen Stadt leben.
- Sie bringt uns Hühnerbrühe in Tupperware, wenn wir krank sind.
- Sie kocht immer noch sonntags für uns unser Lieblingsessen.
- Und kocht absichtlich zu viel, um uns den Rest für Montag einpacken zu können.
- Sie bäckt zum Geburtstag immer noch unseren Lieblingskuchen.
- Sie ruft an, um zu fragen, ob wir auch ordentlich essen.
- Sie klopft uns auf die Finger, wenn wir aus den Töpfen naschen.
- Sie schimpft immer noch mit uns, wenn wir den Teller ablecken.

Schön war, dass immer andere Kinder da waren, oft irgendwelche Cousins und Cousinen, mit denen man spielen konnte, wenn die Erwachsenen stundenlang am Tisch sitzen blieben und noch „ein Bierchen" tranken, auch wenn das Essen schon lange abgetragen war. Manchmal, am Abend dann, hat Mama mit Papa geschimpft, was wir nicht verstanden haben, weil wir Papa genau dann immer ganz besonders lustig fanden und uns wünschten, er würde jeden Abend so ausgelassen mit uns spielen ... Irgendwann hat er sie dann in den Arm genommen und geküsst, was wir so eklig fanden, dass wir meistens freiwillig ins Bett sind.

Schweinebraten mit ...

ca. 800 Gramm Schulter vom Schwein oder Spanferkel (am besten gleich vom Metzger des Vertrauens die Schwarte einschneiden lassen)
Salz
Pfeffer
Kümmel
Majoran
3–4 Spareribs-Knochen
Fett zum Braten
1/2 Liter Gemüsebrühe
1/2 Flasche Bier (helles oder dunkles Bier, auf keinen Fall Weißbier!)
1 Möhre
1 Petersilienwurzel
1 Knollensellerie
1 Stange Lauch
1 Zwiebel
3 Kartoffeln

Das Fleisch salzen und pfeffern, mit Kümmel und Majoran großzügig einreiben. Fleisch und Knochen in den Bräter geben und in wenig Fett auf dem Herd rundherum anbraten, bis alles leicht gebräunt ist. Jetzt die Hitze etwas reduzieren und mit der Gemüsebrühe und etwas Bier aufgießen, bis im Bräter ca. eineinhalb Zentimeter Flüssigkeit ist.
Jetzt die geviertelte Möhre, die Petersilienwurzel und den Knollensellerie (in Würfeln), den Lauch (in Ringen) und die halbierte Zwiebel in den Bräter geben und ihn in den vorgeheizten Ofen stellen. Bei ca. 200 Grad (Ober- und Unterhitze), wird das Ganze eineinhalb Stunden gebraten. Nach der ersten halben Stunde die geviertelten, rohen Kartoffeln dazugeben und dann jede Viertelstunde abwechselnd mit der Gemüsebrühe und dem Bier aufgießen. Das Fleisch aus dem Bräter nehmen und im Ofen warm stellen. Die Sauce mit Salz und Pfeffer abschmecken.

Mamas Tipp

Zumindest in Bayern der absolute Klassiker für den sonntäglichen Mittagstisch. Das wichtigste war dabei eine knusprige Kruste, um die haben wir uns immer mit unseren Geschwistern gestritten.

... Kartoffelknödel

3 mittelgroße, halbmehlige Kartoffeln
12 große, halbmehlige Kartoffeln
1 Semmel
Salz

Zunächst kochen wir die drei mittelgroßen Kartoffeln. In der Zwischenzeit reiben wir die restlichen zwölf Kartoffeln und drücken sie in einem Geschirrtuch aus. Die Semmel weichen wir in Wasser ein und drücken sie ebenfalls aus. Jetzt vermengen wir alles und salzen es ordentlich. Aus der Masse formen wir die Knödel und geben sie in sprudelnd kochendes Salzwasser, dann schalten wir die Hitze runter und lassen sie 20 Minuten weiterköcheln. Fertig! Wichtig im Topf: Nicht zu viele Knödel in einen Topf schmeißen, die brauchen Platz, sonst fallen sie auseinander!

Die Zubereitung der Knödel muss Zack-Zack gehen, weil die Kartoffelmasse sonst braun wird, wenn man also größere Massen kochen will, sollte man der Kartoffelmasse etwas Zitronensaft zufügen.

Mamas Tipp

Kartoffelknödel kann man selbst machen, aber ganz ehrlich, einfach gut und fast original schmeckt mittlerweile auch abgepackter Knödelteig.

Geschmorter Schweine- oder Rinderbraten mit ...

1 Kilogramm Schweinebraten ohne Schwarte oder Rinderbraten
Salz
Pfeffer
Maggi-Würzmischung 1 und 3
Butterschmalz zum Braten
750 Gramm Zwiebeln
dunkler Saucenbinder

Den Braten waschen, trockentupfen und mit den Gewürzen einreiben (nicht zu sparsam würzen). Das Fett erhitzen und den Braten rundherum kräftig anbraten. Die grob gewürfelten Zwiebeln dazugeben und mitbraten. Die Zwiebeln immer wieder umrühren und nicht anbrennen lassen. Mit einem Glas Wasser ablöschen und insgesamt eineinhalb Stunden weiter schmoren und immer dann, wenn das Wasser verkocht ist, wieder ein Glas aufgießen, so lange bis sich die Zwiebeln irgendwann aufgelöst haben. Den Braten dabei auch immer mal wieder wenden. Zum Schluss die Sauce mit braunem Saucenbinder andicken.

Mamas Tipp

Am liebsten aßen wir eigentlich davon nur ganz viel Sauce mit Nudeln oder Spätzle.

... Rosenkohl, Kohlrabi- oder Wirsinggemüse

600 Gramm Rosenkohl
40 Gramm Butter
40 Gramm Mehl
ca. 100 ml Sahne
Salz
Pfeffer
Fondor

Rosenkohl waschen, putzen und in leicht gesalzenem Wasser etwa zehn bis 15 Minuten bissfest kochen (Zitat Mama: „Das muss man probieren, ob der bissfest ist!"), Wasser abschütten und in einer Schüssel auffangen. Die Butter schmelzen, Mehl einrühren und anschwitzen. Mit der Kochflüssigkeit aufgießen (so viel, bis die Sauce schön sämig und nicht zu flüssig ist) und umrühren und leicht köcheln lassen. Dann die Sahne zugießen und noch ein bisschen weiter köcheln lassen. Dann mit Salz, Pfeffer und Fondor abschmecken. Den Rosenkohl dazugeben und warm werden lassen.

Genauso funktionieren z. B. Wirsing- und Kohlrabigemüse. Beim Wirsing muss man die äußeren Blätter und die dicken Rippen entfernen und dann schneidet man ihn in feine Streifen. Den Kohlrabi (drei bis vier Knollen) schälen und in Stifte schneiden. Die Kochzeit des Gemüses verkürzt sich natürlich entsprechend: Die Kohlrabi sind schneller gar als der Rosenkohl und der Wirsing schneller als die Kohlrabi. Beim Kohlrabi sollte man hinterher außerdem ein wenig klein geschnittene Petersilie dazu geben sowie einen Hauch Muskat.

Darum haben wir uns nie gestritten und wenn dann nur mit Mami, weil wir unser Gemüse nicht essen wollten.

Dinge, die wir am liebsten

Currywurst
weil es nie das Gleiche war, wenn Mama Ketchup und Curry über eine Bratwurst gehauen hat.

Pommes
weil es nur an Pommesbuden und im Restaurant und bei McDonald's wirklich gute Pommes gab. Und eigentlich hat sich das bis heute nicht geändert.

Hamburger
weil's Hamburger nur bei McDonald's und Burger King gab. Und dazu natürlich eine Cola ...

Pizza
weil – sorry Mama – der Italiener um die Ecke sie einfach besser konnte.

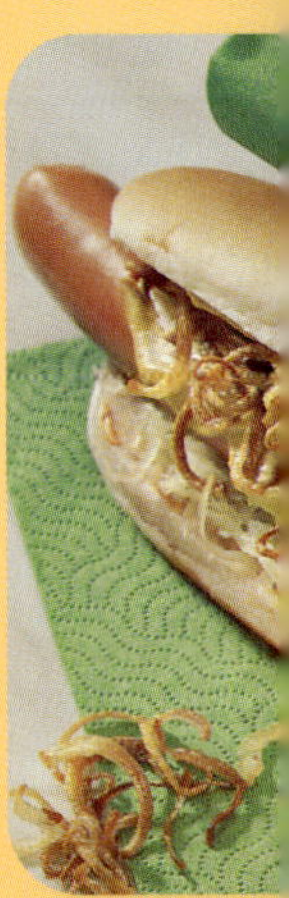

Calamari
weil sie die beste Alternative zu Fischstäbchen waren. Hauptsache frittiert und mit Remoulade ...

außer Haus gegessen haben

Spätzle mit Sauce

war das billigste Gericht auf der Kinderkarte. Und deshalb bei unseren Eltern eigentlich beliebter als bei uns. Und wir konnten uns ja nicht wehren.

Knödel mit Sauce

weil wir den Schweinebraten damals komischerweise noch nicht vermisst haben.

Käsespätzle

weil wir die komischen getrockneten Zwiebeln, von denen man gar nicht wusste, dass sie Zwiebeln sind, so gerne gegessen haben.

Hot Dogs

weil's damals die Hot-Dog-Brötchen noch nirgendwo zu kaufen gab, und eine Bockwurst in der Semmel einfach nicht dasselbe war.

Schnitzel + Pommes

weil's zu Hause Schnitzel immer nur mit langweiligen Kartoffeln gab.

Cannelloni

weil da so viel leckerer geschmolzener Käse drauf war. Außerdem waren sie so heiß, dass man beim Essen trödeln durfte.

Rinderrouladen mit ...

4–6 mal Rouladenfleisch
Salz, Pfeffer
Senf
750 Gramm Zwiebeln
3 Scheiben fetter oder durchwachsener, geräucherter Speck
wahlweise saure Gurken
Butterschmalz um Braten
Maggi-Würzmischung 1 und 3
Zucker
dunkler Saucenbinder

Das Fleisch waschen und trockentupfen und gut mit Salz und Pfeffer würzen. Dann mit Senf bestreichen und ein Stück Zwiebel, ein Stück Speck und wahlweise die geviertelte oder auch gehackte Gurke in das Fleisch einrollen. Entweder mit einem Zahnstocher zusammenstecken oder in Küchengarn einwickeln.
Das Fleisch im Butterschmalz rundherum kräftig anbraten, die groß gewürfelten Zwiebeln dazu und mitbraten. Die Zwiebeln immer wieder umrühren und nicht anbrennen lassen. Mit einem Glas Wasser ablöschen und insgesamt etwa eine Stunde weiter schmoren und immer, wenn das Wasser weg ist wieder ein Glas aufgießen, so lange bis sich die Zwiebeln irgendwann in der Sauce aufgelöst haben. Die Rouladen dabei auch immer mal wieder wenden. Zum Schluss die Sauce mit Salz, Pfeffer, Würzmischungen und einer Prise Zucker würzen und abschmecken und mit braunem Saucenbinder andicken. Diejenigen, die Küchengarn verwendet haben, nehmen das natürlich kurz vor dem Servieren ab.
In den modernen Rouladenrezepten ist immer Rotwein dabei. Das kannte man „damals" aber noch nicht überall. Außerdem waren wir ja Kinder.

Mamas Tipp

Um die Spieße aus den Rouladen zu ziehen, durften wir ausnahmsweise auch mal die Hände benutzen.

... Rotkohl

1 Kilogramm Rotkohl
250 Gramm Zwiebeln
3 Scheiben fetter Speck
oder 2 Esslöffel Schmalz
ca. 100 Gramm Milchreis
Salz
Pfeffer
3 Lorbeerblätter
5 Gewürznelken
Zucker
2–3 Äpfel (z. B. Boskop)
375 ml Wasser
evtl. etwas Essig

1

Den Rotkohl in feine Streifen schneiden. Die Zwiebeln würfeln und im ausgelassenen Speck oder Schmalz glasig dünsten. Den Rotkohl dazugeben. Dann den Milchreis, die Gewürze, den Zucker und die geschälten, entkernten und geachtelten Äpfel dazugeben und alles ca. eine dreiviertel Stunde bei milder Hitze schmoren und dabei nicht umrühren. Zum Schluss abschmecken und wer mag noch einen Schuss Essig dazu geben.

2

Manche Mamas geben noch einen Schuss Rotwein oder Pflaumensaft dazu. Dann aber entsprechend weniger Wasser nehmen.
Dazu passt Kartoffelbrei (Seite 43).

Mamas Tipp

Eigentlich hat uns Rotkohl aus dem Glas immer besser geschmeckt, denn der war süßer und weicher ...

Sauerbraten ohne Rosinen

1 Liter Wasser
1/4 Liter Essig
3 Zwiebeln
Salz
Pfeffer
2 Tüten Sauerbratengewürz
eine Prise Zucker
1,5 Kilogramm Rinderbraten
Butterschmalz
6 große Zwiebeln
Saucenbinder

1

Das Wasser mit dem Essig aufsetzen und die in Ringe geschnittenen Zwiebeln, Salz, Pfeffer, das Sauerbratengewürz und eine gute Prise Zucker hinein geben und aufkochen. Die Marinade ca. 15 Minuten köcheln lassen und gut auskühlen lassen. Den Braten in ein Porzellan- oder Glasgefäß legen und mit dem kalten Sud bedecken. Das Ganze bleibt dann ca. 5–7 Tage im Kühlschrank. Das Fleisch muss immer wieder gewendet werden und sollte immer ganz mit Sud bedeckt sein.

2

Am Tag der Zubereitung das Fleisch aus dem Sud nehmen, abtropfen lassen und ein bisschen trocken tupfen.
In Butterschmalz rundherum kräftig anbraten. Die grob gewürfelten Zwiebeln dazugeben. Den Sud durch ein Sieb geben und nach und nach zum Braten gießen. Den Deckel aufsetzen und bei geringer Hitze garen lassen (ca. eineinhalb Stunden), dabei immer wieder Sud nachgießen. Den Braten kann man auch im Backrohr machen, dann

3

den Sud auf einmal angießen und bei 150 °C ca. 2 bis 2 1/2 Stunden sanft schmoren. Das Fleisch herausnehmen und warm stellen. Die Sauce abgießen und nochmal kurz aufkochen lassen. Mit Sahne abschmecken und evtl. mit Saucenbinder andicken.

Mamas Tipp

Wer Rheinischen Sauerbraten liebt, fügt dem Rezept einfach ein paar Rosinen zu und bindet die Sauce mit fein zerkrümelten Lebkuchen statt mit Saucenbinder.

Schwäbischer Zwiebelrostbraten

4 Scheiben Rostbraten à 200 g (Roastbeef oder Lendensteaks, ca. 3 Zentimeter dick)
Salz
Pfeffer
Mehl
Butterschmalz und Öl zum Braten
300 ml Kalbsfond
300 ml Rotwein
2 große Zwiebeln
Paprika

1

Die Rostbraten salzen und pfeffern, eventuell Fettränder einschneiden und leicht mit Mehl bestäuben. Etwas Öl und Butterschmalz in einer Pfanne erhitzen, das Fleisch darin auf beiden Seiten anbraten, dann ein paar Minuten bei geringer Hitze ziehen lassen. Fleisch aus der Pfanne nehmen, in Alufolie wickeln und im Backofen warm halten. Den Bratensatz mit dem Fond und dem Rotwein lösen und auf die Hälfte einkochen lassen.

2

Die Zwiebeln halbieren, in dünne Scheiben schneiden, mit Salz, Pfeffer und etwas Paprika würzen, mit Mehl bestäuben und in einer Pfanne in Öl goldbraun braten.

Mamas Tipp

Dazu gab es bei uns zu Hause: Sauerkraut (Seite 42), Spätzle (Seite 26 – Käsespätzle ohne Käse), Maultaschen (Seite 86) und Griabaschneggla (Seite 87).

Maultaschen

Teig:
1 Esslöffel Paniermehl
200 Gramm Mehl
3 Eier
90 Gramm Weizengrieß
2–3 Esslöffel Öl, Salz
Füllung:
2–3 Esslöffel Milch
60 Gramm Milchbrötchen
80 Gramm Speck
2 Zwiebeln
150 Gramm TK-Blattspinat
200 Gramm Hackfleisch gemischt
200 Gramm Bratwurstbrät
1 Ei
1 Esslöffel scharfer Senf
evtl. Paniermehl
Salz, Pfeffer, Muskatnuss
abgeriebene Zitronenschale
1 Esslöffel gehackte Petersilie
1 Eiweiß
Rinderbrühe

1 **Teig:** Paniermehl, Mehl, Eier, Grieß, und Öl mit einer Prise Salz zu einem glatten Teig verkneten. In Folie einwickeln und eine halbe Stunde ruhen lassen.

2 **Füllung:** Milch erhitzen, Brötchen in dünne Scheiben schneiden und in die Milch legen. Speck würfeln und auslassen, Zwiebeln fein hacken, dazugeben und glasig andünsten. Den Spinat hacken und zu den Zwiebeln geben. Dünsten, bis keine Flüssigkeit mehr vorhanden ist, dann abkühlen lassen. Brötchen ausdrücken, mit Hackfleisch, Brät und Ei zu einer Masse kneten. Senf und Spinatmasse dazugeben und wenn nötig mit Paniermehl andicken. Mit Salz, Pfeffer, Muskat und Zitronenschale abschmecken. Zum Schluss die Petersilie unterrühren.

3 Den Teig auf einer bemehlten Fläche dünn auswellen. In 8–10 Zentimeter breite Streifen schneiden. Mit Eiweiß bestreichen, dann längs auf das untere Drittel die Fülle verteilen und den Teig längs aufrollen. Mit einem Holzlöffel im Abstand von fünf Zentimeter fest andrücken und mit dem Teigrad ausschneiden. In Rinderbrühe ca. 8 Minuten ziehen lassen.

Mamas Tipp

Statt der Milchbrötchen kann man auch Toastbrot ohne Rinde verwenden. Dieses in grobe Stücke reißen und in die Milch geben.

Griabaschneggla

500 Gramm Kartoffeln
200–250 Gramm Mehl
1 Ei
1 Eigelb
300 Gramm Zwiebeln
300 Gramm Grieben
Salz
Pfeffer
ca. 200 ml Milch

Kartoffeln kochen, abdampfen lassen, pellen und über Nacht abgedeckt stehen lassen. Am nächsten Tag die Kartoffeln zweimal durch die Presse drücken, mit Mehl, Ei, Eigelb zu einem Teig verrühren. Die Menge des Mehls richtet sich nach der Konsistenz des Teiges, er darf nicht kleben, aber auch nicht brüchig werden.
Zwiebeln klein schneiden und mit den Grieben andünsten, leicht salzen und pfeffern, abkühlen lassen.

Den Teig auf einer leicht bemehlten Fläche auswellen. Die Griebenmasse darauf verteilen und zu einer Schnecke aufrollen.
Eine feuerfeste Form gut ausfetten, die Schnecken je nach Höhe der Form abtrennen (ca. fünf bis acht Zentimeter). In die Form setzen, dicht an dicht, so wenig Zwischenräume wie möglich! Die Milch aufkochen, über die Schnecken gießen, so dass sie gerade bedeckt sind. Im vorgeheizten Ofen bei 180 Grad (Ober- und Unterhitze) ca. eine Stunde backen. Sie sind fertig, wenn die Milch vollständig verkocht ist und die Haut sich braun färbt. Dann die einzelnen Schnecken aus der Form nehmen und servieren.

Mamas Tipp

Für dieses Rezept müssen die Kartoffeln am Vortag gekocht werden. Nur so gelingt der Teig.

Supercrema!
Schokoladig, nussig, gut ...

nutella – wer hat es erfunden?

Die Kultmarke nutella entstand aus einem Engpass. Nach dem 2. Weltkrieg war Schokolade eine heiß begehrte Delikatesse, der Kakao allerdings war knapp. Das brachte den piemontesischen Konditor Pietro Ferrero auf eine Idee: Warum den Kakao nicht mit Haselnüssen strecken und daraus eine süße Creme herstellen? So entstand in den 40er Jahren die „Pasta Gianduja". Kinder konnten damals mit einer Scheibe Brot in italienische Tante-Emma-Läden gehen und sich die Creme darauf schmieren lassen. Pietro verfeinerte seine Rezeptur ständig und brachte 1951 schließlich die „Supercrema" auf den Markt, die im Laufe der 50er Jahre immer bekannter wurde. Ein italienisches Gesetz verbot 1964 das Präfix „Super" im Namen, und deshalb wurde die Supercrema in nutella umgetauft.

1956 wurde Ferrero Deutschland gegründet, und es dauerte neun Jahre bis nutella endlich nach Deutschland kam. Bereits in den 70er Jahren war nutella Kult, nicht zuletzt auch wegen der Gimmicks im Deckel, die es bis heute noch gibt.

Heute werden alleine in Deutschland jährlich 100 Millionen Gläser nutella hergestellt.

Übrigens: Um ein für alle Mal die Streitfrage zu klären, ob es der, die oder das nutella heißt: Nach Auskunft von Ferrero Deutschland heißt es einfach nur nutella – ohne jeden Artikel. Und nutella wird klein geschrieben.

Zehn Dinge, um die man sich mit seinen Geschwistern gestritten hat:

- den Nachschlag
- Hähnchenhaut und Hähnchenkeule
- Schweinebratenkruste
- die Schale, in der vermeintlich mehr Pudding drin war
- Reste aus der Teigschüssel
- das größere Schnitzel
- den letzten Reibekuchen
- Parmesello in der Miracoli-Packung, weil der nie, nie, nie gereicht hat (schönen Gruß an Kraft!)
- die Eckstücke von: Apfelstrudel, Lasagne etc.
- die Farben von den Gummibärchen
- die Farben der Nimm-2-Bonbons
- die obere Hälfte vom Brötchen
- Vanillesauce auf Apfelstrudel, Himbeeren auf dem Eis
- Sahne auf dem Kuchen („Frank hat aber mehr als ich!")
- die knusprigsten Bratkartoffeln
- das Pizzastück mit den meisten Salamischeiben drauf
- Mamas oder Papas Eiswaffel

Ihhhh ... nicht schon wieder!

Gemüse, Fisch und Innereien waren uns ein Graus. Was wir damals verabscheuten, empfinden wir heute oft als Delikatesse.

Gerichte, die wir erst später zu schätzen lernten

Gruselfood

Früher wären wir lieber gestorben als Spargel zu essen. Heute ist alles anders. Früher haben wir Spargelspitzen akribisch abgetrennt, heute kaufen wir das Zeug für teures Geld. Es gab andere Gerichte in der Kindheit, die hat man gehasst und hasst sie noch heute. Wir sagen nur: Kalbsbries oder so. Aber: Es gibt Gerichte, die hat man früher gehasst, und heute ist man süchtig danach. Warum das so ist, können wir auch nicht erklären. Deshalb haben wir einen Ernährungsberater gefragt (siehe unten). Und was nicht ist, kann ja noch werden. Bei diesen ‚Gerichten' hat es jedenfalls geklappt. Meistens jedenfalls ...

Haben Kinder andere Geschmacksnerven oder warum schmeckt uns heute, was wir früher hassten? Wir haben Dr. Ute Alexy vom Forschungsinstitut für Kinderernährung in Dortmund gefragt: „Das Geschmacksempfinden lässt mit dem Alter nach. Das führt dazu, dass man zum Beispiel Bitteres, wie Spargel, Rosenkohl und Grünkohl, weniger ablehnt als als Kind. Hinzu kommt eine Art Lerneffekt. Man lernt, dass diese Speisen ›attraktiv‹ sind – zum Beispiel Spargel. Der ist teuer und knapp. Deshalb glaubt man ihn haben zu müssen."

Königsberger Klopse

Für die Klopse:
1 Zwiebel
Fett zum Braten
1 Brötchen
1/4 Liter Milch
2 gesalzene Sardellenfilets
1 Bund Petersilie
1 Ei
500 Gramm Hackfleisch
Salz, Pfeffer
1 Liter Fleischbrühe
1 Zwiebel
1 Lorbeerblatt

Für die Sauce:
40 Gramm Butter
40 Gramm Mehl
Zitronensaft
Weißwein
Salz
Pfeffer
2-3 Esslöffel Kapern

1

Klopse: Die Zwiebel fein würfeln und glasig andünsten. Das Brötchen in warmer Milch einweichen und dann ausdrücken. Sardellenfilets klein schneiden, Petersilie hacken und alles mit Ei und dem Hackfleisch vermischen, gut mit Salz und Pfeffer würzen. Hieraus rollen wir dann kleine Klopse. In die heiße Fleischbrühe das Lorbeerblatt und eine ganze Zwiebel geben und die Klopse ca. 20 Minuten garen. Die fertigen Klopse herausnehmen und warm stellen.

2

Für die Sauce: Aus Butter und Mehl machen wir eine Mehlschwitze. Den Kochsud der Klopse durchpassieren und mit der Mehlschwitze zusammen zur Sauce vermengen. Die Sauce schmecken wir mit ein bisschen Zitronensaft, einem Schuss Wein und Salz und Pfeffer ab. Jetzt fügen wir die Kapern dazu, legen die Klopse in die Sauce und wärmen alles zusammen noch mal an.

Mamas Tipp

Für die Klopse kann man verschiedene Hackfleischsorten verwenden. Ich nehme am liebsten gemischtes Hack aus Rind- und Schweinefleisch, weil das am kräftigsten schmeckt. Im Original wird Kalbshack verwendet.

Wiener Tafelspitz

1 Kilogramm Rindfleisch (Tafelspitz, Suppenfleisch, Beinscheiben)
Wer keine Angst vor BSE hat:
2–3 Ochsenschwanzknochen
1 Lauchstange
1 Petersilienwurzel
1/4 Knollensellerie
3–4 Möhren
1 Kohlrabi
1 Bund Petersilie
2 Zwiebeln
1 Nelke
1 Stück frischer Meerrettich

1 Einen großen Kochtopf zu Dreiviertel mit kaltem Wasser füllen. Fleisch und Knochen ins Wasser geben und zum Kochen bringen. Dabei wird Eiweiß freigesetzt, das sollte man abschöpfen, da die Suppe sonst leicht trübe und bitter werden kann. Nun das Wurzelgemüse vorbereiten: Lauch putzen und in Scheiben schneiden, Petersilienwurzel putzen, Sellerie, Möhren und Kohlrabi schälen und stückeln, Petersilie hacken. Alles in den Topf geben, die Zwiebeln schälen und

2 halbieren, in eine Hälfte eine Nelke stecken und eine halbe Stunde mitkochen. Den Tafelspitz je nach Größe des Stücks eineinhalb bis zwei Stunden bei mittlerer Hitze köcheln. Zum Servieren den Tafelspitz quer zur Faser aufschneiden.

Dazu essen wir Salzkartoffeln oder Röstkartoffel, Spinat oder grünen Salat und geriebenen Meerrettich.

Mamas Tipp

Die Brühe ist zu schade zum Wegschütten. Am besten lässt man sie noch eine halbe bis eine Stunde mit dem Gemüse weiterköcheln. Dann salzen und pfeffern. Die Suppe mit einem kleinen Schuss Sherry servieren.

Spargel mit Kartoffeln und Butter

1-1,5 Kilogramm Spargel
12-16 Kartoffeln
Salz
Zucker
Zitronensaft
150-200 Gramm Butter

Den Spargel schälen und die holzigen Enden abschneiden. Die Kartoffeln schälen und in Salzwasser kochen. Den Spargel in einem Topf voll Wasser mit einer Prise Salz und Zucker, einem Spritzer Zitronensaft und einem Stück Butter je nach Dicke der Stangen 10 bis 15 Minuten garen. Man kann auch ein bisschen Spargelschale mitgaren lassen, das soll gut für den Geschmack sein.
In einem kleinen Topf die restliche Butter bei niedriger Hitze schmelzen und goldbraun werden lassen. Dazu kann man jetzt natürlich auch noch eine Sauce Hollandaise machen. Die könnten wir sogar selbst zubereiten, die Mühe machen wir uns aber nicht. Denn ganz ehrlich: Besser als die fertige bekommen wir sie auch nicht hin, und deshalb kaufen wir die Sauce Hollandaise von Knorr. Und zwar nur die!

Mamas Tipp

Während wir früher nur diese Zubereitung von Spargel kannten, werden wir heute jedes Jahr zur Spargelzeit mit unzähligen Zubereitungsvariationen konfrontiert. Trotzdem schmeckt er uns in dieser Form immer noch am Besten.

Die kulinarischen Katastrophen unserer Kindheit

Uns graut's vor gar nix

Käsebrot mit Honig/Marmelade/Ketchup

Käse mit Senf

Nudeln mit nutella

Nutellabrote mit Bananen oben drauf

Obst mit Nesquickpulver

Wurstbrot mit Marmelade

nutellabrot mit Käse

Spezi mit Sesam aus dem Glas gelöffelt

Schinkennudeln mit Apfelmus zu Brei verrührt

Gummibärchen als Brötchenbelag

Pfannkuchen, Kartoffelsalat, Wurstbrot mit Ketchup

Rosinenbrötchen mit Mettwurst/Leberwurst

Chips in Buttersemmel

Maggi auf Pizza, Nudeln, Leberwurstbrot, Brot, Ei, Gulasch

warmer Haferschleim mit Maggi

Kartoffelpüree mit Rotkraut/Gurkensalat zu Brei verrührt

Ei mit Marmelade

Ketchup in die Linsensuppe

Apfelmus in Gulasch

Kartoffelpüree mit reichlichst Kondensmilch

Kartoffelpuffer mit nutella

Nimm-2 in Semmel popeln und Limo drüberschütten

Karpfen blau

2 Zwiebeln
100 Gramm Suppengrün
3 Liter Wasser
2 Esslöffel Salz
1 Teelöffel Wacholderbeeren
1 Teelöffel schwarze Pfefferkörner
3 Lorbeerblätter
1 Kilogramm Karpfen
1/4 Liter Weißweinessig

Zwiebeln halbieren, Suppengrün putzen und grob zerkleinern, beides ins Wasser geben. Salz und Gewürze zufügen und 30 Minuten kochen. Auf eine Platte eine Tasse stellen. Den von innen gesalzenen Karpfen mit der offenen Bauchseite darüber stülpen, so daß er steht. Essig aufkochen und heiß über den Karpfen gießen. Den Karpfen mit dem Essig in das Wasser geben. Ca. 20 Minuten ziehen lassen. Wenn man die Rückenflosse leicht herausziehen kann, ist der Karpfen gar.

Den Karpfen vorsichtig (!) waschen, damit die schleimige Haut nicht verletzt wird, weil sie an diesen Stellen sonst nicht bläut.

Eisbein mit Erbsenpüree

2 Kilogramm gepökelte Vorderhaxe vom Schwein

Für das Erbsenpüree:
400 Gramm getrocknete Erbsen (über Nacht eingeweicht)
1 Liter Wasser
1 Bund Suppengemüse
1 Zwiebel
Salz
Pfeffer
Muskatnuss

Die Haxen in einem Topf mit reichlich Wasser aufsetzen und zum Kochen bringen. Hitze reduzieren und ca. 1 1/2 Stunden leise kochen lassen, bis sie ganz weich sind.

Für das Erbsenpüree:
Das Suppengemüse waschen und putzen, dann kleinschneiden, die Zwiebel kleinhacken. Zusammen mit den Erbsen ins Wasser geben. In ca. 1 Stunde weich kochen und anschließend pürieren. Abgeschmeckt wird das Ganze mit Salz, Pfeffer und etwas Muskat.

Erbsenpüree ist die klassische norddeutsche Beilage, in Süddeutschland isst man lieber Sauerkraut und Kartoffelpüree dazu.

Grünkohl mit Kassler und Mettwürsten *für 6–8 Personen*

3 Esslöffel Schmalz
2 Zwiebeln
ca. 2 Kilogramm Grünkohl (am besten tiefgekühlt)
400 ml Wasser
750 Gramm Bauchfleisch oder Schweinefleisch oder Kassler (mein Favorit)
4–6 Mettwürstchen oder Polnische (Pinkel mochten wir als Kinder nämlich nicht)
1 Rinderbrühwürfel
Salz, Pfeffer, Muskat
4 Esslöffel Haferflocken (zart)

1

Das Schmalz auslassen und darin die gewürfelten Zwiebeln glasig dünsten. Den Grünkohl und das Wasser dazugeben und erhitzen, bis der Grünkohl aufgetaut ist. Das Fleisch dazugeben und mitgaren. Nach einer dreiviertel Stunde die Würstchen dazutun. Den Brühwürfel in den Grünkohl geben und mit Salz und Pfeffer gut abschmecken. Wenn das Fleisch gar ist (etwa nach einer bis eineinhalb Stunden), das Fleisch herausnehmen

2

und zur Seite stellen. Die Haferflocken unterrühren und mitkochen, bis sie sich aufgelöst haben. Nochmal mit Salz, Pfeffer und Muskat abschmecken und einen weiteren Esslöffel Schmalz (oder auch zwei) dazugeben. Das Fleisch wieder in den Grünkohl geben und warm werden lassen.
Dazu passen knusprige Bratkartoffeln oder Salzkartoffeln.

Mamas Tipp

Früher haben wir den Grünkohl immer mit frischem Grünkohl gemacht. Der tiefgekühlte, sagt Mama, schmeckt aber mindestens genauso gut und ist zudem viel praktischer.

Wirsingrouladen mit Salzkartoffeln

1 Semmel
1/4 Liter Milch
500 Gramm Hackfleisch
(Rind oder halb und halb)
1 Ei
2 große Zwiebeln
1 Wirsing oder Weißkohl
Salz, Pfeffer
Maggi-Gewürzmischung 1 und 3
Fett zum Braten
ca. 400 ml Instant-Gemüsebrühe
Saucenbinder
8 mittelgroße Kartoffeln

1

Für die Füllung die Semmel in der Milch einweichen, ausdrücken, mit dem Hackfleisch, dem Ei, einer gewürfelten Zwiebel vermischen und gut würzen.
Vom Wirsing die großen Blätter abtrennen, waschen und blanchieren. Zwei bis drei Blätter überlappend übereinander legen und mit der Hackfleischmasse bestreichen, aufrollen und mit Küchengarn zusammenbinden. Die Rouladen auch von außen würzen. In heißem Fett anbraten, den restlichen

2

Wirsing klein schneiden und die Zwiebel würfeln und beides mitschmoren. Brühe zugeben und eine gute halbe Stunde fertig garen. Sauce abschließend nochmal abschmecken und mit Saucenbinder andicken.
Dazu passen Salzkartoffeln.

Mamas Tipp

Wenn wir von der Schule kamen, konnten wir schon im Hausflur riechen, dass uns heute wohl keines unserer Lieblingsgerichte erwartete.

Heringsstipp

- 4-5 Matjesfilets
- 3 dicke Zwiebeln
- 2 Äpfel
- Salz
- Pfeffer
- Zucker
- Essigessenz
- 200-400 ml süße Sahne

Die Matjesfilets in mundgerechte Stücke und die Zwiebeln in feine Scheiben schneiden. Die Äpfel schälen, entkernen und in nicht zu große Stücke schneiden. Alles gut vermischen und mit Salz, Pfeffer, Zucker und Essigessenz (vorsichtig benutzen!) abschmecken, die Sahne untermischen und ein paar Stunden ziehen lassen. Vor dem Servieren nochmals abschmecken.

Eingelegten Hering hat Mama auch öfter vom Fischgeschäft aus der Stadt mitgebracht.

Leber mit Apfelscheiben

- 3-4 Zwiebeln
- 3 saure Äpfel
- ca. 60 Gramm Butter zum Braten
- 4 Scheiben Kalbsleber (ca. 600 Gramm)
- 3-4 Esslöffel Mehl
- Salz
- Pfeffer
- Zitrone

Die Zwiebeln in Ringe schneiden. Die Äpfel schälen, das Kerngehäuse sauber ausstechen und dann den Apfel in dicke Scheiben schneiden.
Die Zwiebelringe in heißer Butter goldbraun braten und dann warm stellen. Danach die Apfelscheiben in heißer Butter auf beiden Seiten braten, bis sie goldbraun sind, ebenfalls warm stellen.
Die Leberscheiben leicht mit Mehl bestäuben und in der heißen Butter schnell anbraten, würzen.

Die Leberscheiben mit den Zwiebeln und den Apfelscheiben servieren. Dazu essen wir Kartoffelbrei, siehe Seite 43.

Trickkiste der Eltern

Was unsere Eltern alles angestellt haben, um uns das Essen schmackhaft zu machen

- Wiener Würstchen in die Roulade gewickelt statt Speck und Zwiebeln
- Das Burgspiel gespielt: Reis oder Kartoffelpüree in die Tasse, daraus einen Turm formen, den auf der Tellermitte platzieren und außen herum Gulasch, Geschnetzeltes oder so als Burggraben geben.
- Ein Gesicht ins Leberwurstbrot geritzt oder mit Ketchup darauf gemalt
- Den Lieblingsnachtisch gemacht
- Bei Spinat kam der Satz: Den isst doch auch Popeye so gern.
- Fernsehen als Belohnung
- Wir durften länger aufbleiben.
- Die Lüge: Wenn du aufisst, gehen wir morgen zu McDonald's.
- Gar nichts, weil: Gegessen wurde, was auf den Tisch kommt.

Sooo gesund - Salate

Salat war Standard zu jedem Essen, zum Mittag und Abendessen gab es meistens grünen, Gurken- oder Bohnensalat in einem kleinen Glasschüsselchen. Kein Mensch (außer vielleicht ein paar vereinzelte Feinschmecker) kannte in Deutschland Balsamico und Salat machte Mama noch mit Livio und Weinessig, manchmal auch mit Dosenmilch und Essigessenz. Und plötzlich gab's keinen Salat mehr, zumindest keinen grünen - und keine Pilze und kein Wild. Von einem Tag auf den anderen. Mama hat uns erklärt, dass saurer Regen vom Himmel kommt, was wir gerne überprüft hätten, aber nicht durften, weil wir zu der Zeit auch nicht draußen spielen durften. Es war im April 1986, in Tschernobyl, das war irgendwo weit weg in Russland, da war der Reaktor Nummer 4 explodiert und hatte die Radioaktivität von 90 Hiroshima-Bomben in die Luft befördert. Das haben wir damals zwar noch nicht verstanden, aber für viele von uns war das die erste Katastrophe, die wir bewusst wahrgenommen haben (teilweise erfreut, weil der Sportunterricht im Freien ausfiel), weil sie unser alltägliches Leben beeinflusst hat. Irgendwann durften wir dann wieder Salat essen, und plötzlich gab es richtige Salatteller: Nicoise (mit Thunfisch und Ei), Käse-Schinken (mit Schinken und Käse), mit

Austernpilzen und Putenfleisch, nach Art des Hauses (mit allem, was die Küche so hergab). Und auf einmal gab es Balsamico-Essig und Olivenöl aus Italien. Den beiden und dem Schlankheitswahn haben wir es zu verdanken, dass wir heute richtig gern Salat essen. Oder zumindest so tun als ob. Obwohl: Mamas Kartoffelsalat (mit Majo!!), den es nur zu Geburtstagen gab, hat rein gar nichts mit schlank zu tun. Der ist einfach nur lecker!

Der Glaubenskrieg

Bei manchen Mahlzeiten oder Marken gab es keine Kompromisse. Da gab es nur ein Entweder/Oder ...

Kartoffelsalat mit Majo oder ohne

Bratkartoffeln gekocht oder roh oder als Scheiben oder Schnitze

Schaschlik mit oder ohne Sauce

Zigeuner- oder Jägerschnitzel

McDonald's oder Burger King

Langnese oder Schöller

Coke oder Pepsi

Milka oder Alpia

Rote oder weiße Currywurst

Bahlsen oder Funny Frish

Fanta oder Cola

Kaba oder Nesquik

Zuerst die Milch und dann das Kakaopulver oder andersrum

Wrigley's oder Orbit

Eier hart oder weich gekocht

Cornflakes oder Smacks

Gummibärchenkombis: rot und grün gegen weiß, gelb und orange

Nimm 2: orange gegen gelb

bo*frost oder Eismann

Pelikan oder Geha (schließlich haben wir zumindest die Enden angenagt)

Kartoffelsalat mit Majo für viele

5 Kilogramm Kartoffeln
1 große Zwiebel
6 Eier
250 Gramm Salatmayonnaise
(gut: Miracel Whip)
Salz, Pfeffer
Zucker
Essigessenz

Für die Mayonnaise:
2 Eier
1,5 Esslöffel Senf
Öl, Essigessenz
evtl. Gewürzguken

1

Die Kartoffeln mit Schale in Salzwasser gar kochen, pellen, erkalten lassen und in feine Würfel (so fein wie möglich, umso cremiger wird der Salat) schneiden. Die Zwiebel ebenfalls fein würfeln und zu den Kartoffeln geben. Die Eier hart kochen und ebenfalls fein würfeln. Die Salatmayonnaise aus dem Glas, Salz, Pfeffer und Zucker sowie ein paar Spitzer Essigessenz (vorsichtig verwenden!) zu den Kartoffeln geben.

2

Für die Mayonnaise:
Eier und Senf mit dem Handrührer verrühren und im dünnen Strahl das Öl unterrühren bis die Mayonnaise dickflüssig ist. Zum Schluss einen Schuss Essigessenz dazu geben.
Diese Majo ebenfalls unter den Kartoffelsalat mischen. Alles vorsichtig verrühren, eine Stunde ziehen lassen und noch mal abschmecken.

3

Wer den Salat noch cremiger will, kann etwas abgekochtes Wasser dazugeben.
Am besten schmeckt der Salat übrigens, wenn er einen Tag durchgezogen hat.
Wer mag, kann noch gewürfelte Gewürzgurken reingeben. Wir Kinder mochten das aber nie.

Mamas Tipp

Dieses Rezept ist übrigens für die große Party, viele Leute oder mehrere Tage, weil er so lecker ist, dass man nicht genug davon bekommen kann. Zum Aufbewahren unbedingt gut kühlen!

Kartoffelsalat

1 Kilogramm Kartoffeln
fest kochend
2 Zwiebeln

Salatmarinade:
ca. 1/4 Liter heiße Rinderbrühe
ca. 4 Esslöffel Weinessig
Salz, Pfeffer
Zucker
ca. 4–5 Esslöffel Öl
Schnittlauch nach Belieben

Kartoffeln kochen, schälen und abkühlen lassen, die Kartoffeln müssen noch warm sein. In feine Scheiben schneiden und mit den fein geschnittenen Zwiebeln mischen. Die Zutaten der Marinade bis auf das Öl gut vermischen und abschmecken. Marinade und die noch warmen Kartoffeln mischen und erst jetzt das Öl dazugeben. Mit Schnittlauch bestreut servieren!

Tante Utes Nudelsalat

350 Gramm Nudeln
Essig
1 kleine Zwiebel
Salz
Pfeffer
130 Gramm (Abtropfgewicht)
Erbsen und Möhren aus der Dose
350 Gramm Fleischwurst
3 hartgekochte Eier
500 Gramm Salatmayonnaise

Nudeln in reichlich Salzwasser bissfest kochen, abgießen und mit kaltem Wasser abschrecken. Essig, klein gehackte Zwiebel, Salz und Pfeffer zu einer Salatsauce verrühren. Dann die Nudeln, Erbsen und Möhren sowie die Fleischwurstwürfel und die klein geschnittenen Eier in die Sauce rühren und mit Mayonnaise abrunden. Majo muss man so viel nehmen, wie man mag. Der eine will mehr, der andere weniger. Beim Essig ist es das Gleiche. Wer es saurer will, tut noch einen Schuss dazu.

Man kann natürlich alles Mögliche in den Nudelsalat tun. Manche hatten noch Käsewürfel drin, Gurken, Apfelstückchen oder Mais.

Roter Heringssalat

750 Gramm Kartoffeln
ca. 100 Gramm (Abtropfgewicht) saure Gurken
220–330 Gramm (Abtropfgewicht) Rote Beete aus dem Glas
4 Heringsfilets (entweder vom Fischladen oder tiefgekühlt)
50 Gramm gehackte Walnüsse
2 kleine Schälchen Fleischsalat vom Metzger
Salz, Pfeffer
Zucker
Essigessenz

Die Kartoffeln mit Schale kochen, pellen, kalt werden lassen und in kleine Würfel schneiden. Die Gürkchen, die Rote Beete und die Heringsfilets ebenfalls würfeln. Alles vermischen, die Walnüsse und den fertigen Fleischsalat dazugeben, ebenso einen Schuss Gurkenwasser und etwas mehr Rote-Beete-Saft. Mit Salz, Pfeffer, einer Prise Zucker und einem Schuss Essigessenz abschmecken. Wenn man den Salat noch intensiver rot haben möchte, einfach noch ein bisschen Rote-Beete-Saft dazugeben. Wenn der Salat noch nicht cremig genug ist, kann man aus einem Ei und etwas Sonnenblumenöl noch eine schnelle Mayonnaise rühren und dazugeben. Den Salat zwei Stunden ziehen lassen und dann noch einmal gut abschmecken.

Mamas Tipp

Wer mag, kann den Salat noch mit hartgekochten Eiern und frischer Petersilie dekorieren.

Bayerischer und/oder Schweizer Wurstsalat

500 Gramm Fleischwurst (bayerisch: Lyoner)
ca. 5 saure Gurken
2 Zwiebeln
3 Esslöffel Weißweinessig
Salz, Pfeffer
Zucker
6 Esslöffel Öl (kein Olivenöl!)
2–3 Esslöffel Schnittlauch

Schweizer Wurstsalat:
+ ca. 4 Scheiben Emmentaler

Zuerst die Haut von der Fleischwurst abziehen und die Wurst in Scheiben schneiden, am besten so dünn wie möglich. Auch die Gurken in ganz feine Scheiben schneiden, wie viele muss man sehen, wir nehmen immer fünf große Gurken, weil sie uns so gut schmecken. Dann die Zwiebeln schälen und ebenfalls in feine Ringe schneiden. Wurstscheiben, Gurkenscheibchen und Zwiebelringe in einer Schüssel gut vermischen.

Aus Weißweinessig, Salz, Pfeffer Zucker und Öl eine Marinade machen und über den Wurstsalat geben, gut unterheben und das Ganze im Kühlschrank abgedeckt ziehen lassen, und zwar mindestens eine Stunde. Kurz vor dem Servieren mit fein geschnittenem Schnittlauch garnieren.

Wenn man dazu ein paar Scheiben Emmentaler in feine Streifen schneidet und unterhebt, hat man einen Schweizer Wurstsalat. Dann vielleicht ein bisschen mehr Dressing machen.

Mamas Tipp

Dazu schmecken frische Brezen oder Bauernbrot mit Butter. Und natürlich ein leckeres Bier – für die Erwachsenen. Ist übrigens das perfekte Mittagsessen für heiße Sommertage!

Highlights vom kalten

Mettigel

1 Kilogramm Mett vom Metzger mit Salz, Pfeffer, Paprika würzen und mit Zwiebelwürfeln aus zwei bis drei Zwiebeln und zwei Eiern vermischen und verkneten. Eine Halbkugel daraus formen und Zwiebelstreifen oder Salzstangen als „Stacheln" in das Mett stecken. Aus Oliven Nase und Augen machen.

Gefüllte Eier

Eier hart kochen, pellen, halbieren. Eigelb mit Majo (etwa 2/3 der Eigelbmenge) verrühren. Dann zwei Teelöffel Senf dazu, mit Salz und Pfeffer abschmecken, in Spritzbeutel füllen und in die hohlen Eierhälften spitzen. Man kann auch klein gehackte Sardellen dazutun.

Schinkenröllchen

Pro Röllchen zwei bis drei Stangen Spargel aus dem Glas (!!!) in Kochschinken einwickeln und mit Majo dekorieren.

Tomate mit Fleischsalat

Tomaten köpfen, aushöhlen und mit Fleischsalat vom Metzger füllen. Deckel aufsetzen und diesen mit weißen Pünktchen verzieren. Am besten klappt das mit Majo aus der Tube ...

Pumpernickeltaler

Kleine Pumpernickeltaler mit verschiedenen Frischkäsesorten bestreichen und mit Kresse dekorieren. Geht auch mit runden Crackern.

Buffet für die Retro-Party

Krabbencocktail

Krabben aus der Tiefkühltruhe auftauen lassen und mit Cocktailsauce vermischen, Salatblätter in Dessertgläser legen, Krabbencocktail darauf geben und mit Mandarinenscheiben dekorieren.

Belegte Brötchen

Brötchen halbieren, dünn mit Butter bestreichen und mit Käse, Aufschnitt, Schinken, Leberkäse usw. belegen und mit Gurkenscheibchen dekorieren.

Käseigel

Käsewürfel, Weintrauben, Cocktailtomaten, Mini-Wiener, Cornichons, Ananaswürfel, Mandarinenstücke, Radieschen usw. bunt gemischt auf Partyspieße stecken und diese in eine unten abgeschnittene Orange (oder Grapefruit oder einen Kohlkopf) stecken.

Fliegenpilze

Hart gekochte Eier halbieren, mit der glatten Seite auf die Platte stellen, auf die Spitze etwas Majo, dann das obere/untere ausgehöhlte Drittel einer Tomate darauf setzen und mit Majo weiße Punkte auf den Tomatendeckel setzen.

Kleine Schnitzel und kleine Frikadellen

siehe Seite 11, nur die Schnitzel vor dem Braten in viele kleine Schnitzel zerteilen und aus der Hackfleischmasse mundgerechte Frikadellen formen.

Rote Grütze

Unser Original-Rezept steht auf Seite 123. Wer keine Zeit mehr für die Zubereitung hat, holt sich die Rote Grütze aus dem Kühlregal im Supermarkt. Einfach in eine schöne Schüssel füllen – meistens merken die Gäste gar nicht, dass es sich um ein fertig gekauftes Dessert handelt.

Gut gemacht!

Wenn wir brav waren oder gute Noten nach Hause brachten, gab's oft eine Mehlspeise oder einen Nachtisch. Dann fiel es uns besonders leicht, brav zu sein und alles aufzuessen ...

Wenn Nachspeisen zur Belohnung Hauptgang waren

Mehl-speisen

Kaiserschmarrn und Co. waren die wahren Highlights der Kindheit. Wie Weihnachten auf dem Teller. Keine Suppe, kein Gemüse, auch keine Pommes, nein, Pommes in viel besser: Süßes zum Mittagessen. Natürlich gab's diese Highlights nicht einfach so. Die musste man sich schon verdienen.

Entweder gab es gerade Zeugnisse (und man hatte mindestens drei Einser oder wenigstens keinen Fünfer), vielleicht hatte man eine Ehrenurkunde bei den Bundesjugendspielen abgeräumt oder den Zahnarztbesuch endlich hinter sich gebracht. Die Bonbons aus Mamas Küche waren für uns, was heute der Sex nach der Versöhnung ist.

Das Allerbeste ... Unübertrefflich ...

Woher kommt der Kaiserschmarrn und warum heißt er so?

Um den Kaiserschmarrn ranken sich viele Legenden, sicher ist eigentlich nur, dass er auf den österreichischen Kaiser Franz-Joseph I (1830-1916) zurückgeht, besser bekannt als Franzl, der Gatte von Kaiserin Sissi. Für alle, die der österreichischen Sprache nicht mächtig sind: „Schmarrn" heißt übersetzt Blödsinn ...

Kaiserschmarrn

800 Gramm Mehl
ca. 100 Gramm Zucker
8 Eier getrennt
1 gute Prise Salz
800 ml Milch
Butter zum Braten
Puderzucker
Rosinen und Zimt (wer mag)

1

Das Mehl in eine Schüssel geben. Dann geben wir nach und nach Zucker, Eigelb, Salz und Milch dazu. Den Eischnee schlagen wir in einer Extra-Schale steif und heben ihn unter. Butter in der Pfanne erhitzen und einen guten Schöpflöffel Teig in die Pfanne geben (dicker als bei einem Pfannkuchen). Die

2

Unterseite goldgelb backen und wenden. Wenn die zweite Seite auch goldgelb ist, zerreißen wir den Teig in kleine viereckige Stücke. Dann die Rosinen (wer mag!) darüber streuen und mit Puderzucker und, wer mag, mit Zimt bestäuben. Mit Marillenkompott, Apfelmus oder Pflaumen aus dem Glas servieren.

Die erste Schmarrngeschichte: Angeblich liebte Sissi Palatschinken (den österreichischen Pfannkuchen), war aber ständig auf Diät, was den Hofkoch auf die Idee brachte, den Pfannkuchen zu zerreißen und in kleinen Portionen zu servieren. Als der Kaiser dies zum ersten Mal sah, sagte er angeblich: „So ein Schmarrn, aber wir essen ihn trotzdem."
Die zweite Hofkochversion: Dem Koch zerriss der Palatschinken und um seinen Fauxpas zu vertuschen, fügte er Kirschen und Rosinen hinzu und verkaufte das Ganze als eine neue Kreation. Aus diesem „verzapften Schmarrn", also „erzählten Blödsinn", wurde der Kaiserschmarrn.

Apfelstrudel

Für den Teig:
350 Gramm Mehl
Salz
30 Gramm weiche Butter
200 ml lauwarmes Wasser
Für die Füllung:
250 Gramm saure Sahne
1,5 Kilogramm säuerliche Äpfel (Boskop oder Granny Smith)
100 Gramm Zucker
1 Teelöffel Zimt
evtl. Rosinen
50 Gramm Butterschmalz
evtl. 1/4 Liter süße Sahne

1

Mehl und eine Prise Salz auf die Arbeitsfläche geben, in der Mitte eine Vertiefung machen. In die Mulde die Butter und das Wasser geben, dann alles mit der Gabel verrühren. Den Teig kneten, bis er elastisch ist und beim Durchschneiden kleine Bläschen zeigt. Es ist wichtig den Teig immer mal wieder kräftig auf die Arbeitsfläche zu knallen! Eine Kugel aus dem Teig formen und in eine warme Schüssel legen, zudecken und den Teig eine halbe Stunde ruhen lassen.

2

Die Arbeitsfläche mit Mehl bestäuben und den Teig ausrollen. Ab jetzt braucht man Fingerspitzengefühl! Die Hände mit Mehl bestäuben. Den Teig vorsichtig in alle Seiten ausziehen, bis er dünn genug ist. Den Teig wieder auf die mit Mehl bestäubte Arbeitsfläche legen und so portionieren, dass die Strudel dann dicht an dicht in der Bratreine liegen. Jetzt dick mit Sauerrahm bestreichen. In der Zwischenzeit die Äpfel schälen, entkernen und schneiden und auf dem Sauerrahm verteilen. Immer

3

darauf achten, dass an den Teigenden ein Rand bleibt, sonst quillt die Füllung raus. Mit Zucker und Zimt und evtl. Rosinen bestreuen. Dann einrollen und die Ränder andrücken und nach innen klappen.
Die Bratreine großzügig mit dem zerlassenen Butterschmalz ausfetten, Strudel reinlegen und bei 180 bis 200 Grad braun backen. Wer mag, kann noch süße Sahne drübergießen.

Mamas Tipp

Wer sich die Arbeit mit dem Strudelteig sparen will, nimmt TK-Blätterteig oder Strudelteig aus der Kühltheke. Dann geht's auch ganz schnell ...

Apfelkücherl

Für den Teig:
120 Gramm Mehl
1 Ei getrennt
Salz
125 ml Milch
Zucker

3 säuerliche, nicht zu harte Äpfel (am besten Boskop)
Puderzucker
Zimt, Zitronensaft, Rum
Fett zum Ausbacken
Puderzucker oder Zucker

1

Aus Mehl, Eigelb, einer Prise Salz und der Milch wird ein glatter Teig gerührt, der mit dem festen Schnee von einem Eiweiß und etwas Zucker untergemischt wird. Vor der Verwendung einige Minuten ruhen lassen.
Die Äpfel schälen, das Kerngehäuse ausstechen und die Äpfel dann in fingerdicke Scheiben schneiden. Die Apfelscheiben mit Puderzucker, Zimt, etwas Zitronensaft und Rum eine Weile marinieren.

2

Die Apfelspalten einzeln so in den Teif eintauchen, dass sie rundum vom Teig überzogen sind. Umgehend in heißem Fett von beiden Seiten braten, bis sie goldbraun sind. Fett abtropfen lassen (am besten kurz auf ein Stück Küchenrolle legen) und gut überzuckert sogleich auf den Tisch bringen.

Mamas Tipp

Wer mag, kann auch noch Zimt darüber streuen. Lecker auch dazu: Vanilleeis und frische Früchte.

Marillenknödel

ca. 16 bis 20 Knödel

Für den Topfenteig:
350 Gramm Topfen (Quark)
100 Gramm Butter
3 Eier
Salz
120–150 Gramm Mehl
Für die Füllung:
20 Marillen (Aprikosen)
20 Stück Würfelzucker
Salz
50 Gramm Butter
60–80 Gramm Paniermehl
Puderzucker

1

Teig: Den Topfen durch ein Sieb streichen. Dann die Butter portionsweise mit dem passierten Topfen, den Eiern,etwas Salz und Mehl zu einem mittelfesten Teig verarbeiten und vor der Verwendung eine Weile kalt stellen. (Diese Masse ergibt einen sehr feinen Teig für Knödel, muss aber ganz vorsichtig gekocht werden.) Am besten macht man einen Probeknödel im kochenden Wasser. Wenn sie zu weich geraten, einfach noch ein bisschen Mehl dazu.

2

Den Topfenteig auf einem mit Mehl bestäubten Brett fünf Millimeter dick ausrollen und in so große Vierecke schneiden, dass darin je eine kleine Marille, in die statt des Kerns ein Stück Würfelzucker eingesetzt wird, vollständig eingehüllt werden kann. Die Knödel legt man in leicht kochendes, leicht gesalzenes Wasser und lässt sie im offenen Topf langsam acht bis zehn Minuten gar ziehen.
Inzwischen in einer breiten Pfanne das Paniermehl in der Butter goldfarben rösten und nach Geschmack zuckern. In diesem Paniermehl werden die gekochten, abgetropften Knödel gewälzt und dann mit Puderzucker bestäubt heiß serviert.

3

Mamas Tipp

Statt der Aprikosen kann man auch reife Zwetschgen nehmen – dann sind es mindestens genauso leckere Zwetschgenknödel.

Krank sein

Als Kind hatte auch das Kranksein seine kulinarischen Gesetze. Und zwar richteten sich die nach dem Stadium, in dem man sich gerade befand. Phase eins: die Man-wird-krank-Phase. Die zeichnete sich meist dadurch aus, dass man freiwillig auf jede Art der Nahrungsaufnahme verzichtete, eben weil man krank wurde. Für unsere Mütter der Zeitpunkt, an dem sie erkannten: Mit dem Kind stimmt was nicht. Und dann versuchten sie, uns mit Obst voll zu stopfen, weil Vitamine ja so gesund sind. Darauf folgte Phase zwei: das eigentliche Kranksein. Essenstechnisch die schlimmste Phase von allen, weil Mama uns mit breiigen Grausamkeiten wie ungesüßtem Haferschleim oder heißer Milch mit eingeweichtem Zwieback malträtierte, von denen man erst recht krank wurde. Einzige Ausnahme: Magenbeschwerden: Die waren großartig, weil dann gab es Cola und Salzstangen satt. Phase drei: Wir sind auf dem Weg der Besserung. Da war man dann schon gesund genug, um Mama mit allerlei Essenswünschen (Pudding, Pfannkuchen oder andere Lieblingsgerichte) zu tyrannisieren. Und es wurde jeder Wunsch erfüllt, weil Mama einfach glücklich war, dass es dem Kind wieder besser ging.

Wir erinnern uns mit Grausen:
Was Mama uns vorsetzte, wenn wir krank waren

- Hühnerbrühe
- Haferschleim
- Heiße Milch mit Zwieback
- Hühnerfrikassee
- geriebener Apfel
- Heiße Zitrone
- Grapefruit mit Zucker
- Banane mit Milch
- Zwieback
- Kamillentee
- Die positive Ausnahme: Cola und Salzstangen

Peppies Topfenstrudel

6 Eier getrennt
1 Kilogramm Topfen (Quark)
200 Gramm Zucker
2 Päckchen Vanillinzucker
1 Päckchen Blätterteig
(6 Platten)
400 Gramm süße Sahne

Zuerst müssen wir die Eier trennen. Dann den Topfen mit dem Zucker und dem Vanillinzucker verquirlen. Danach das steif geschlagene Eiweiß unterheben und einrühren. Den Blätterteig ausrollen und zwar alle sechs Platten getrennt. Dann die Topfenmasse darauf verteilen und einrollen und die Enden gut andrücken. Die Sahne in eine feuerfeste Form geben und die Strudel darauf setzen. Dann kommt alles für 60 Minuten bei 175 Grad (Ober- und Unterhitze) in den Backofen.

Mamas Tipp

Ganz köstlich schmeckt der Strudel, wenn man auf die Topfenmasse noch ein paar halbierte Aprikosen legt und dann die Strudel aufrollt.

Dampfnudeln

1 Würfel Hefe
1 Esslöffel Zucker
250 ml Milch, lauwarm
500 Gramm Mehl (gesiebt!)
1 Teelöffel Salz

Zum Garen benötigt man:
ca. 250 ml Milch
ca. 50 Gramm Butter
1 Esslöffel Zucker

1

Hefe zerbröseln, mit Zucker, etwas Milch und ein wenig Mehl in einer Schüssel zu einem dickflüssigen Teig, den Vorteig, verrühren. Das Mehl in eine große Schüssel geben. In die Mitte eine Grube machen, den Vorteig hineingeben und leicht mit Mehl bestäuben. Die Schüssel zudecken und an einem warmen Platz gehen lassen, bis der Vorteig die doppelte Größe erreicht hat. Dann langsam mit dem Mehl, der Milch und dem Salz verrühren. Den Teig mit den Händen kneten bis er

2

sich von der Schüssel löst, eine glatte Beschaffenheit hat und Blasen wirft. Dann zugedeckt gehen lassen (etwa eine Stunde).
Teig dann zu Nudeln (sind im Prinzip größere Knödel) formen (ca. 8–11 Stück) und noch mal eine halbe Stunde ruhen lassen. In der Zwischenzeit die Milch, die Butter und Zucker in einem weiten Topf aufkochen lassen, Nudeln in die kochende Milch geben und sofort auf die kleinste Stufe zurückschalten. Gut schließenden Deckel

3

darauf setzen. 20–25 Minuten ganz leicht köcheln lassen (Auf keinen Fall den Deckel öffnen, sonst fallen die Nudeln zusammen!!!) bis alle Milch aufgesogen ist und die Krustenbildung beginnt (das kann man hören, es knackt etwa so wie die Kruste bei einem Schweinebraten).

Mamas Tipp

Dazu muss Vanillesauce. Auch hier ist die Kruste das Wichtigste. Daran kann man erkennen, ob eine erfahrene Köchin wie Oma am Werk war.

Das Beste zum Schluss – dafür war immer Platz

Pudding & Co

Die Nachspeise war die Krönung jedes Mittagessens. Und je weniger wir das Mittagessen mochten, desto mehr Mühe hat Mama sich mit der Nachspeise gegeben. Stundenlang haben wir im Linseneintopf rumgestochert, auf Zeit gespielt (vielleicht hat Mama ja Erbarmen, wenn das Zeug endlich kalt ist) und den Nachtisch fixiert, den unsere fiese Mutter meistens in unmittelbare Reichweite gestellt hat, damit man ja gut sehen konnte, was einen erwartet, damit einem der Geruch den Mund wässrig macht, während man versuchte, das ungeliebte Essen runterzuwürgen.

In diesen Augenblicken hatte man Mama nicht besonders lieb, da hat man schon mal das ein oder andere wütende Tränchen rausgepresst. Bei den letzten zwei bis drei Gabeln hat sie dann doch meistens das Mitleid gepackt, der Teller wurde abgeräumt, die Reste wanderten in den Topf (die bekam dann abends Papa) und Mama hat sich mit verschränkten Armen an die Küchentheke gelehnt und ihrem glücklichen Kind beim Puddinglöffeln mindestens genauso glücklich zugeschaut. Und wir haben dir dann den ganz besonderen Blick geschenkt, als Zeichen, dass wir dir den ekligen Eintopf verziehen haben …

Essen mit Spaß

Der „Deckelspaß" von nutella:
Der Startschuss fiel mit Zeichentrickfiguren. 1971 gab es erstmals drei verschiedene Mickey-Maus-Motive im Deckel. Es folgten Rubbelbilder, Zeichenschablonen und Bügelbilder. Der absolute Knaller war 1978 das Dalli-Klick-Spiel aus Dalli Dalli mit Hans Rosenthal.

Das Überraschungsei:
Der Klassiker kam 1974 unter dem Motto: Spannung, Spiel und Spaß raus. 1983 gab es die erste Sonderserie: die Schlümpfe. Das waren damals noch handbemalte „Monopezzis", also Figuren, die nicht zusammengesetzt werden mussten. Die erste eigene Serie waren die Happy Frogs, eine der erfolgreichsten sind die Happy Hippos, die bis heute siebenmal aufgelegt wurden.

Knibbelbilder in Cola-, Fanta-, Lift-, Mezzo Mix- und Sprite-Deckeln:
Der Startschuss fiel 1982, gesammelt wurden die „Meilensteine der Verkehrsgeschichte", die Poster, auf die die Bilder aufgeklebt wurden, lagen in der Tageszeitung, hingen später an unserer Tür, und wer alle hatte, führte Massen an Mitschülern vor eben diese Tür und war der Held!

Sammelbilder in Duplo und Hanuta: Die Sammelbilder kamen erstmals 1982 zur Fußball-WM auf den Markt und erscheinen bis heute regelmäßig zu WM und EM. Es sind immer 28 Portraits, die alle in gleich hoher Stückzahl aufgelegt werden. Ausgesucht werden sie übrigens nicht von Ferrero, sondern vom Teamchef oder Bundestrainer.

Ringe aus dem Kaugummiautomaten

Quarkspeise

500 Gramm Sahne-Quark
2 Päckchen Vanillinzucker
etwas Zitronensaft
Milch
Zucker

Alles in eine Rührschüssel geben und gut mit Milch verrühren und mit Zucker abschmecken.

Lecker schmecken dazu Erdbeeren (etwa eine Schale, putzen, klein schneiden, zuckern, eine halbe Stunde stehen lassen und unterheben) oder andere Beeren oder auch der Saft von ein bis zwei frisch gepressten Orangen plus Fruchtfleisch.

Mamas Tipp

Statt Sahnequark kann man natürlich auch fettärmeren Quark verwenden und diesen mit süßer Sahne anreichern.

Götterspeise

1 Beutel Götterspeise
8 Esslöffel Zucker
1/2 Liter Wasser

Götterspeise nach Packungsanweisung zubereiten und über Nacht kühl stellen. Man kann sie entweder in Dessertgläsern servieren oder auch in Würfel schneiden oder mit einer Plätzchenform schöne Motive ausstechen. Dazu passt Vanillesauce oder gezuckerte Dosenmilch.

Mamas Tipp

Rote Grütze mit Vanillesauce

Für die Grütze:
2 Kilogramm Beeren (es eignen sich eigentlich alle Sorten dunkle Beeren)
400 Gramm Zucker
2–3 Packungen Dr. Oetker Vanillepudding oder Speisestärke zum Andicken
Für die Vanillesauce:
1 Päckchen Vanillesauce zum Kochen
30 Gramm Zucker
1/2 Liter Milch
125 ml süße Sahne

1

Die Beeren in einen großen Topf geben (der Boden sollte mit Wasser bedeckt sein, aber nur ganz wenig, es geht darum, dass die Beeren nicht ganz brutal auf den heißen Topfboden fallen), den Zucker dazugeben und alles zusammen kurz aufkochen lassen. Die Beeren kann man in der Regel so wie sie sind in den Topf geben, außer Erdbeeren, die sind zu groß, die sollte man klein schneiden. Wichtig dabei ist: nicht zu lange kochen, damit die Beeren nicht völlig matschig sind,

2

sondern noch einzelne Stücke übrig bleiben, das dauert so ca. eine bis drei Minuten. Zwischenzeitlich das Puddingpulver mit einem Schuss Wasser verrühren, nicht nach Packungsanweisung Pudding kochen, nein, nur andicken, das ist unser leckerer Stärkeersatz. Je nachdem wie vanillig man seine Grütze mag, kann man zwei oder drei Packungen nehmen. Dann unter die Beeren mischen, das Ganze raus aus dem Topf, in eine Glasschale umfüllen und ab in den Kühlschrank.

3

Dazu gibt's Vanillesauce, natürlich aus der Packung, weil Mama auch nicht alles selbst gemacht hat ... Aus Pulver, Zucker und Milch nach Anleitung die Sauce zubereiten. Dann kalt stellen und ganz wichtig: zwischendurch immer wieder umrühren! Die Sahne fast steif schlagen und unter die erkaltete Vanillesauce rühren.

Erstmal war sie schön rot, später manschten wir die Beeren mit der Vanillesauce zusammen, was dann weniger appetitlich aussah.

Mamas Tipp

Vanille-pudding

1/2 Liter Milch
2–3 Esslöffel Zucker
5 Esslöffel Milch
2 Esslöffel Speisestärke
2 Eier getrennt
1 Teelöffel Vanillinzucker (am besten mit Bourbon-Vanille)

Die Milch in einem Topf erhitzen. Zucker, 5 Esslöffel Milch, Speisestärke, Eigelb und Vanillinzucker mit dem Rührgerät zu einem Brei vermischen. Wenn die Milch heiß ist, den Brei unterrühren. Wenn es langsam dick wird, vom Herd nehmen und abkühlen lassen. Ganz wichtig: Den Pudding mit Zucker bestreuen, damit sich keine Haut bildet. Wenn der Pudding abgekühlt ist, Eiweiß zu Schnee schlagen und unter den Pudding heben.

Die Revolution war Vanillepudding aus der Tüte, den man mit kalter Milch anrühren konnte.

Griessbrei

120 Gramm Grieß
1 Liter Milch
40 Gramm Zucker (oder mehr, nach Geschmack)

Milch, Zucker und Grieß in einem Topf aufkochen bis es breiig ist. Zum Schluss Zimt drüberstreuen oder Himbeersirup darüber gießen. Oder frisches Obst nach Wahl.

Dauer-brenner

Hanuta = HAselNUssTAfeln

Milka = MILch und KAkao

Haribo = HAns RIegel BOnn

Chio = Der Name ist eine Kombination aus den Vornamen und dem Nachnameninitial der Gründungsfamilie Carl, Heinz und Irmgard von Opel.

Capri-Sonne: weil alle nach Capri und Italien gefahren sind

Miracoli: abgeleitet vom italienischen „miracolo" = Wunder

Leibniz-Kekse: benannt nach Gottfried Wilhelm Leibniz aus Hannover

Kellog's Cornflakes: nach ihren Erfindern Dr. John und William Kellog

nutella: ist ein reiner Fantasiename

Fanta: Abgeleitet von Fantasie. Weil man die brauchte, um den Geschmack zu erkennen. Denn anfangs variierten die Zutaten wegen der schlechten Versorgungslage im Krieg.

Coca Cola: aus den Ingredienzien Kokablätter und Kolanüsse

Übrigens: mit dem Leibniz-Keks wurde auch das Wort Keks erfunden, abgeleitet vom englischen cake. Erste Erwähnung im Duden 1925.

Desserts du Supermarché

- Eis/Eistorte
- Dany plus Sahne
- Joghurt
- Obst aus dem Glas
- Rotweincreme
- Majala Traumcreme
- Fruchtzwerge
- Paradiescreme
- Rote Grütze
- Apfelmus aus dem Glas

Milchreis

1 Liter Milch
200 Gramm Milchreis
etwas Zucker
1/2 Packung Vanillesaucenpulver

Die Milch aufkochen, den Milchreis und etwas Zucker hinzugeben und eine halbe Stunde quellen lassen. Dabei immer wieder umrühren, Milchreis brennt ganz leicht an. Zum Schluss das Vanillesaucenpulver unterrühren und noch mal aufkochen. Dann abschmecken und evtl. nachzuckern.
Schmeckt pur superlecker!

Nach Geschmack kann man Zimt darüber streuen oder die letzten Minuten Obst mitkochen oder Himbeersauce dazu reichen.

Frische Waffeln

350 Gramm (Abtropfgewicht) Sauerkirschen im Glas
1 1/2 Päckchen roter Tortenguss
200 Gramm Sahne
1 Esslöffel Zucker
Waffelteig:
250 Gramm weiche Butter
200 Gramm Zucker
150 Gramm Mehl
150 Gramm Stärkemehl
1 Prise Backpulver
1 Prise Salz
abg. Schale 1/2 unbeh. Zitrone
4 Eier

Die Sauerkirschen in einem Topf erwärmen und mit dem Tortenguss nach Anweisung andicken und in eine Schale füllen. Wem die Kirschen zu sauer sind, der kann ein bisschen Zucker dazutun.
Die Sahne steif schlagen und zuckern.
Für den Teig Butter und Zucker schaumig rühren. Alle anderen Zutaten dazugeben und verrühren. Dann den Teig im Waffeleisen backen.

Ganz lecker schmecken die Waffeln, wenn man die Hälfte des Mehls durch fein geriebene Mandeln ersetzt.

Tiramisu

3 Eier getrennt
125 Gramm Zucker
500 Gramm Mascarpone
100 ml Amaretto
32 Löffelbiskuits
200 ml starker kalter Espresso
Kakaopulver

Die Eier trennen, die Eiweiße sehr steif schlagen. Dann die Eigelbe schaumig schlagen, den Zucker nach und nach einrieseln lassen und weiter schlagen, bis eine hellgelbe, cremige Masse entsteht. Mit einem Schneebesen den Mascarpone vorsichtig unterheben. Jetzt ein Drittel des Eischnees unterrühren, damit die Masse richtig schön geschmeidig wird, dann erst den Rest unterrühren. Den Amaretto in eine viereckige Form gießen. Dann die erste Lage Löffelbiskuits darauf legen. Die Form sollte so groß sein, dass 16 Biskuits reinpassen. Dann die Hälfte der Creme darauf streichen. Jetzt die zweite Schicht Löffelbiskuits darauf legen, mit dem Espresso beträufeln und mit der restlichen Creme bestreichen. Dann mindestens zwei Stunden im Kühlschrank kalt stellen. Vor dem Servieren die Oberfläche dick mit Kakao bestäuben.

Mamas Tipp

Noch besser schmeckt's natürlich, wenn man die Löffelbiskuits gegen einen frischen Biskuitboden eintauscht – selbst gemacht oder beim Bäcker bestellen. Am besten gleich dort in drei Lagen teilen lassen.

Kinder-geburts-tag

Das wichtigste war unser Kuchen, auf dem die Kerzen auf keinen Fall fehlen durften, und zwar jedes Jahr eine mehr, denn darauf waren wir (damals noch) besonders stolz.

LUSTIGE
GESICHTER
Steiff

Nur die Geschenke waren wichtiger als der:

Geburtstagskuchen

Backen war das erste Kochen, das wir von unseren Müttern gelernt haben. Das hatte einen einfachen Grund. Wir waren scharf auf den Teig. Der Teig war eigentlich das Beste am Kuchen – und am Kochen. Natürlich war Kuchen auch gut, aber nie so gut wie der Teig. Und kleine Kinder sind einfach ergebnisorientiert. Teig schlecken war wie ein Orgasmus. Wir wussten damals zwar noch nicht, was das ist. Aber Orgasmus ist einfach wie Teig schlecken. Mmmmhhh ... Lecker ... Ja! Mehr! Die besten Kuchen unsere Kindheit:

Warum Kinder so gerne Teig essen

- Weil er süß ist
- Weil er weich wie Pudding ist
- Weil man ihn mit Fingern isst
- Weil es verboten war und Mama zur Weißglut gebracht hat
- Weil sie es uns vorgemacht hat, nur nannte sie es „probieren"
- Weil der große Bruder auch scharf drauf war
- Weil die Teigreste viel zu schade für die Spülmaschine sind
- Weil er das Beste vom ganzen Kuchen ist

Oma Schmolkes Apfelkuchen

Für den Teig:
250 Gramm Butter
500 Gramm Mehl
300 Gramm Zucker
1 Päckchen Backpulver
1 Päckchen Vanillinzucker
2 Eier
Belag
2,5 Kilogramm säuerliche Äpfel
0,1 Liter Rum
1 Päckchen Vanillinzucker
2 Tütchen Mandelscheiben

Für die Streusel:
250 Gramm Butter
250 Gramm Zucker
Mehl
1 Päckchen Vanillinzucker

Die Zutaten für den Teig verrühren und den fertigen Teig auf ein gefettetes oder mit Backpapier ausgelegtes Backblech geben. Die Äpfel werden geschält, entkernt und in feine Spalten geschnitten. Diese mit dem Rum und dem Vanillinzucker kurz marinieren und anschließend ganz eng aneinander in den Teig stecken.
Für die Streusel Butter und Zucker mit der Hand vermengen und nach und nach so viel Mehl dazugeben bis Streusel entstehen.

Streusel und Mandeln über die Äpfel geben und eine dreiviertel Stunde bei 180 Grad (Ober- und Unterhitze) backen. Lässt sich übrigens wunderbar einfrieren.

Mamas Tipp

Streuselteig war der absolute Lieblingsteig beim „Teigschlecken" – er war so schön süß und schmeckte wunderbar nach Butter.

Kalte Schnauze – oder auch Kalter Hund

4 Eier
150 Gramm Puderzucker
150 Gramm dunkles Kakaopulver
200 Gramm Palmin
11/2 Packungen Butterkekse

Die Eier und den Zucker schön schaumig rühren, dann vorsichtig das Kakaopulver dazugeben. Vorsichtig, weil es leicht eine Schweinerei gibt. Palmin in einem Topf auf dem Herd schmelzen und unter die Schokomasse rühren. Eine große Kastenform mit Pergament- oder Backpapier auslegen (muss man machen, sonst kriegt man den Hund nur in Kleinteilen aus der Form). Dann zuerst eine Schicht Schokomasse hinein füllen, dann eine Schicht Kekse darauf, dann wieder Schoko, Kekse, usw. und mit einer Schicht Schoko aufhören. Am besten über Nacht im Kühlschrank erkalten lassen, aus der Form nehmen und vorsichtig in Scheiben schneiden.

Mamas Tipp

Man kann außerdem noch Haselnussstückchen unter die Schokomasse rühren, Rumaroma oder 1 Esslöffel löslichen Kaffee. Ganz nach Gusto ... Kinder mögen ihn aber am liebsten in Reinform.

Obstkuchen mit Dosenfrüchten

Für den Boden:
150 Gramm Butter
3 Eier
4 Esslöffel Zucker
1 1/2 Packungen Vanillinzucker
1 Schuss Eierlikör
200 Gramm Mehl
1 Teelöffel Backpulver
Für den Belag:
1 Päckchen Sahnesteif
500–700 Gramm Früchte
1 Päckchen Tortenguss (bei hellen Früchten klaren, bei roten Früchten roten Tortenguss)

1

Zuerst die Butter, die Eier, Zucker, Vanillinzucker und Eierlikör mit dem Handmixer in einer Schüssel verrühren. Dann Mehl und Backpulver dazugeben, drei Minuten weiterrühren. Den Teig in eine gefettete Tortenbodenform geben und bei 180 Grad (Ober- und Unterhitze) 15 bis 20 Minuten backen.
Auf den kalten Boden ein Päckchen Sahnesteif streuen, damit die Früchte den Boden nicht durchweichen. Früchte nach Wahl (zum Beispiel Erdbeeren, Himbeeren, Pfirsiche oder Ananas aus der Dose ...) auf dem Kuchen verteilen.

2

Den Tortenguss nach Anweisung zubereiten und über die Früchte geben.

Mamas Tipp

Ganz lecker schmeckt es auch, wenn man eine Packung Vanillepudding nach Anweisung zubereitet, auf dem Tortenboden verteilt und dann Früchte darauf gibt.

Käsekuchen á la Traudl

Für den Teig:
125 Gramm Butter
250 Gramm Mehl
200 Gramm Zucker
1/2 TL Backpulver
3 Eier

Für die Quarkcreme:
1 Päckchen Vanillepudding (der zum Kochen)
80 Gramm Zucker
0,1 Liter Öl (Sonnenblumenöl oder ein anders Öl ohne Eigengeschmack)
250 Gramm Quark
0,5 Liter Milch

Zunächst der Teig: Alle Zutaten rein in die Küchenmaschine, gut verrühren und dann den Teig mit den Fingern in eine ausgefettete Springform drücken.
Dann kommen die Zutaten für die Füllung in die Küchenmaschine, dabei ist es ganz wichtig auf die Reihenfolge zu achten: Also erst das Vanillepuddingpulver, dann der Zucker, das Öl, der Quark und ganz zum Schluss die Milch, die macht das ganze schön flüssig.

Jetzt die Füllung auf den Kuchenteig geben und ab damit in den Ofen: eine Stunde bei 175 Grad (Ober- und Unterhitze) – und fertig!

Dieser Käsekuchen ist supereinfach und superlecker.

Manche Nahrungsaufnahme hatte ihre ganz besonderen Gesetze

Essen mit System

Milchschnitte: Deckel abziehen, dann die Milchcreme abschlecken.

Wassereis im Plastikschlauch: Den Farbstoff Zentimeter für Zentimeter rauslutschen, Eis abbeißen und ausspucken. Alternativ: So lange zwischen den Händen schmelzen bis man es trinken kann.

Lakritzschnecke: abrollen, in zwei Stränge teilen, dann essen oder eine Kordel daraus drehen und als Armband umbinden. Dann essen.

Haribo-Schnuller: So lange schnullern, bis nur noch der Ring übrig ist. Den dann an den Finger stecken, mit dem Ring angeben, dann essen.

Nimm 2: Bonbons so lange lutschen, bis man durch ein kleines Loch die mittlerweile recht flüssige Füllung heraus saugen kann.

Dany plus Sahne: Erst die Sahne bis zur Schokogrenze, dann den Pudding. Oder einfach nur die Sahne.

Eis in Hörnchen/Waffel/Tüte: Erst ganz oben die Nüsse oder Schokoschichten abknabbern (so, dass es ganz bleibt). Dann: Essen nach Belieben – mit Ausnahme der Waffelspitze. Da: Vorsichtig die Waffel abknabbern und dann den Schokokern lutschen.

Cola-Fläschchen: Flaschen erst öffnen, dann genießen. Will heißen: Erst wird der Deckel abgebissen und gegessen, dann der Rest.

Twix, damals noch Raider: kleine Stücke abbeißen, dann Schokolade zergehen lassen, Karamell mit den Zähnen abnagen, dann den Keks essen (alles im Mund).

Möhren: Erst das Gemüse um das Möhrenherz herum abknabbern, dann das Herz (so heißt der Strunk in der Mitte) als Krönung essen.

Salmiakpastillen: Handrücken abschlecken, dann die rautenförmigen Pastillen in Sternform „ankleben" und abschlecken ...

Kinder-geburtstag

- Würstchenschnappen
- Apfel aus dem Wasser essen
- Eierlauf
- Tortenschlacht
- Topfschlagen
- Schokolade mit Handschuhen auspacken und mit Messer und Gabel essen
- Mohrenkopfwettessen mit verbundenen Augen
- Mehlberg mit Zahnstocher in der Mitte abtragen
- Und später: Flaschen drehen (mit Küssen natürlich)

Das Wettessen

Eine der ersten Sportarten, die Kindern so richtig Spaß gemacht haben, war das Wettessen. Die Deutschen Meisterschaften wurden zu Hause abgehalten. Wer kann mehr Reiberdatschi, Pfannkuchen, Fleischpflanzerl oder kleine Schnitzel essen. Den ersten Platz hatte man inne, wenn man Papa geschlagen hatte, der war per se groß und stark und damit unschlagbar. Der zweite Platz ging, wenn vorhanden, an den, der den großen Bruder geschlagen hatte. Dann ging es treppchenweise bergab. Die große Schwester zu schlagen barg noch Anerkennung, die kleinen Geschwister haben eigentlich nicht mehr gezählt. Und die Mamas haben bei diesen Wettessen sowieso nie mitgemacht.

Die Olympiade aber im Wettessen waren die Kindergeburtstage. Eine Arena voll Mitkämpfer, jeder hoch motiviert. Andere Kinder waren so, ich nicht. Ich war als Kind schon neurotisch. Weil ich wusste: Einer kotzt immer.
Das Problem an Kindergeburtstagen war nämlich das Durcheinander. Zuerst gab es Kakao oder Limo und Geburtstagstorte. Und auf den Tischen standen im ganzen Haus verteilt viele kleine Schüsseln, jede mit anderen Leckereien gefüllt: von Lakritze über Gummibärchen bis hin zu Negerküssen, die heute nicht mehr so heißen dürfen. Und als ob's noch nicht genug für die Magenverstimmung gewesen wäre, gab's dann auch noch die Fressspiele: Würstelschnappen, Apfel aus dem Wasser essen, und einer musste immer noch eins drauf setzten und prahlen, er könne die meisten Negerküsse essen, und alle haben mitgemacht. Nur ich nicht. Ich habe Kindergeburtstage gehasst, am schlimmsten war der eigene, weil ich permanent alle im Auge haben musste, in der Angst, dass einer über meinen Lieblingsteddy reihert. Kinder haben's ja selten bis aufs Klo geschafft. Sobald also der erste kotzte, und alle anderen feixend daneben standen, hab ich meine Mutter angerufen, um mich abholen zu lassen. Nur eines hat mich immer fasziniert: Gekotzt hat nie der, der tatsächlich am meisten verdrückt hatte, sondern immer einer aus dem Mittelfeld.

Donauwellen

Für den Teig:
250 Gramm weiche Butter
250 Gramm Zucker
1 Päckchen Vanillinzucker
6 Eier
350 Gramm Mehl
1 Päckchen Backpulver
3 Esslöffel dunkles Kakaopulver
Milch

700 Gramm (Abtropfgewicht)
Sauerkirschen im Glas

Für die Creme:
0,750 Liter Milch
2 Päckchen Vanillepuddingpulver
Zucker nach Packungsanweisung
250 Gramm weiche Butter
2 Päckchen Kuvertüre Zartbitter

Den Backofen auf 200 Grad (Ober- und Unterhitze) vorheizen. Die weiche Butter, Zucker, Vanillinzucker und die Eier in einer Schüssel mit dem Mixer schön schaumig verrühren. Dann nach und nach Mehl und Backpulver zugeben, bis ein glatter Teig entsteht. Die Hälfte des Teiges auf ein gefettetes Backblech geben. In den Rest des Teigs das Kakaopulver und etwas Milch geben und noch mal durchrühren. Dann den brauen Teig auf den weißen Teig streichen. Sauerkirschen auf dem Teig verteilen und leicht eindrücken. Eine halbe Stunde backen.

Aus Milch, Puddingpulver und Zucker einen Vanillepudding kochen und kalt werden lassen. Mit der weichen Butter zur Buttercreme verrühren und auf den abgekühlten Kuchen streichen. Die Kuvertüre im Wasserbad schmelzen und auf die Buttercreme pinseln.

Wenn Mama mal keinen Kuchen backen wollte, haben wir uns auch über einen Schlotfeger vom Konditor gefreut.

Butterkuchen

Für den Teig:
200 Gramm Sahne
200 Gramm Zucker
1 Päckchen Vanillinzucker
3–4 Eier
250 Gramm Mehl
1/2 Päckchen Backpulver
1 Prise Salz
1 Tütchen Orangenschalen-Aroma

Für den Belag:
125 Gramm weiche Butter
250 Gramm Zucker
1 Päckchen Vanillinzucker
4 Esslöffel Milch
200 Gramm gehobelte Mandeln

Sahne, Zucker, Vanillinzucker und Eier gut verrühren. Mehl und Backpulver unterrühren, danach Salz und Orangenschalen-Aroma dazutun. Den Teig auf ein gefettetes Backblech streichen. Bei 200 Grad (Ober- und Unterhitze) zehn Minuten backen.
Für den Belag in der Zwischenzeit alle Zutaten verrühren, die Mandeln vorsichtig unterheben und auf den noch heißen Teig streichen und zehn Minuten weiterbacken.

Ganz wichtig: gaaaanz viele Mandeln für den Belag!

Frankfurter Kranz

Für den Teig:
200 Gramm weiche Butter
225 Gramm Zucker
1 Prise Salz
abgeriebene Schale 1 unbehandelten Zitrone
6 Eier
150 Gramm Mehl
100 Gramm Stärkemehl
1/2 Päckchen Backpulver
2 Esslöffel Rum

1

Eine Ringform fetten und mit Mehl bestäuben. Den Backofen auf 175 Grad (Ober- und Unterhitze) vorheizen. Die weiche Butter schaumig schlagen, den Zucker dabei einrieseln lassen, Salz und die geriebene Zitronenschale dazugeben. Die sechs Eier nacheinander unter ständigem Rühren unterheben. Das gesiebte Mehl und das Stärkemehl zusammen mit dem Backpulver locker unter die Masse heben und zügig verrühren, zuletzt den Rum dazugeben.

2

Den Teig in die Ringform füllen und 40 Minuten backen. Mit einem Holzstäbchen die Garprobe machen. Den Kuchen kurz abkühlen lassen und dann auf einen Gitterrost stürzen und auskühlen lassen.

Am nächsten Tag mit einem langen Messer zweimal durchschneiden, so dass drei Scheiben entstehen.

Den Kuchen sollte man am Vortag zubereiten, damit er gut auskühlen kann. Er lässt sich dann auch einfacher durchschneiden.

Für die Cremefüllung:
1 Packung Vanillepudding
0,5 Liter Milch
250 Gramm weiche Butter
2 Esslöffel Puderzucker
200 Gramm Johanisbeergelee oder auch anderes Obst nach Belieben (Erdbeeren, Himbeeren)
1 Beutel Krokant
Cocktailkirschen

Den Pudding nach Rezept zubereiten und unter häufigem Rühren abkühlen lassen, damit keine Haut entsteht. Die Butter mit Puderzucker schaumig schlagen, dann den Pudding löffelweise einrühren. Wichtig: beides muss die gleiche Temperatur haben.

Das Johannisbeergelee mit wenig Wasser glatt rühren. Den unteren Boden mit der Hälfte des Johannisbeergelees bestreichen. Darauf kommt eine Schicht Creme. Den zweiten Boden auflegen und wieder mit Johannisbeergelee und Creme bestreichen.
Zum Schluss die dritte Scheibe auflegen und den Kuchen großzügig mit der Creme umhüllen.
Das fertige Kunstwerk dick mit Krokant bestreuen und dann mit Cocktailkirschen dekorieren.

Notizen

Rezeptregister

Dank

Allen Mamis, Papis, Töchtern und Söhnen, die uns bei diesem Buch mit Rezepten und Erinnerungen geholfen haben, ganz lieben Dank!
Ilse Altenkamp, Mechthild Backenecker, Elli Bantz und Marlie Beyer, Karola Beck, Sissi und Traudl Benner, Katrin Buchner, Edith Einhart, Bärbel Gabler, Hella und Gustav Gens, Hetti Gutberg, Martin Haas und Markus Kopp, Sandra Heichlinger, Stefan Huber, Sandra und Peter Hummel, Renata und Katja Jäckle, Katja Klinger, Betty und Karin Kujawski, Evi Laumer, Gerdi Münch und Josephine Pichl, Christl und Günther Muschiol, Karin und Willi Muschiol, Lutz und Ursula Nierhoff, Evi Nützmann und Paula Oberlechner, Anja und Traudl Rädler, Ingelore Rammelmann, Betty und Regina Richter, Sabine und Barbara Schropp, Michael Stromeyer, Barbara Schulz, Caroline und Otto Stetter, Helga Tischinger, Florian und Helga Zobl.
Und wir bedanken uns bei den Pressestellen der Firmen Coca Cola, Dr. Oetker, Ferrero, McCain, Kellog's, Kraft und Maggi sowie bei Dr. Ute Alexy für ihre freundliche Unterstützung. Und natürlich „Danke" an Sigrid Bubolz-Friesenhahn, Susanne Kirstein und Eva Salzgeber für die gute Zusammenarbeit.

Impressum

Die Autorinnen:

Tine Kujawski (32) ist Inhaberin einer Agentur für Fotografen in München. Nach dem Abitur volontierte sie in einer Bildagentur und studierte Betriebswirtschaft. Später arbeitete sie als Fotochefin des Magazins Playboy. 2001 wechselte sie in gleicher Funktion zur Marie Claire, bis sie sich 2003 selbstständig machte.

Claudia Muschiol (36) hat in München Journalistik studiert und die Deutsche Journalistenschule besucht. Nach ihrer Ausbildung wurde sie Redakteurin bei der Zeitschrift Cosmopolitan und war zuständig für die Ressorts Reise, Food und Job. 2001 wechselte sie zur Marie Claire, wo sie bis zu deren Einstellung im September 2003 das Ressort Psychologie und Partnerschaft leitete. Heute arbeitet sie beim Magazin Glamour in den Ressorts Psychologie und Food.

Bildnachweis:

Afri Cola, Frankfurt 20 o. l.; **Bluna,** Frankfurt 20 o. r.; **Capri-Sonne,** Eppelheim 24 o.; **Dr. August Oetker Nahrungsmittel KG,** Bielefeld 120 u.; **Th. Dreher,** München 36, 75; **Falken Verlag/Brauner** 66/67 o., 80/81 o., **-/Feiler** 80, **-/Iden** 112 u. r., **-/TLC** 108, 108/109 o.M.; **Ferrero oHG mbH,** Frankfurt 21; **Haribo Gmbh & Co KG,** Bonn 20 M., 89 M.; **M. Hartan,** München 74; **S. Kestler,** München 16 l., 71, 89 u., 136 l.; **S. Kirstein,** München 24 u.; **Kraft Foods Deutschland GmbH,** Bremen 25 (2), 58 o.; **K. Löwe,** Starnberg 46 o. ; **Mac Cain,** Eschborn 10 o., 25 (1); **Maggi GmbH,** Frankfurt 25 (3), 30 u., 46 u.; **Mauritius/age fotostock** 88 o., **-/Superstock** 102 o. ; **Mosaik Verlag** 24 M. **-/Brauner** 48, 80/81 u., 98, 127, **-/Eising** 14, 27, 51, 78, 92 u. r., 99, 112 u. l., 115, ; **-/Kerth** 113, **-/Köhnen** 141, **-/Newedel** 57, 101, **-/Poggenpohl** 58 u., **-/Seiffe** 94, 106, **-/Stüssel/Schmitz** 33, 92 u. l., **-/Teubner** 102 u. l., 130 u. l.; **K. Newedel,** München 35, 37, 38, 41, 42, 43, 57, 68, 69, 77, 83, 85, 95, 102 u. r., 118, 132, 133, 139; **K. Opiolla,** München 30 o., 121; **Plainpicture/Anys** 89 o., **-/Endless image/Muckenheim** 111, **-/Rüggeberg** 29, **-/tranquillium** 56 o. l.; **W. Rossa,** München 96, 120 o.; **E. Salzgeber,** Neubeuern 125, 130 u. r., 136 r.; **A. N. Schmid,** München 50 o., 55, 91, 117, 130 o., 137; **Robertstock.com** 73; **Silit Werke GmbH & Co KG,** Riedlingen 50 u.; **A. Steiner,** München 13, 112 o., 129; **StockFood/Duncan** 23, **-/Holsten/Koop** 10 u.; **S. Storz,** Egling 44; **Südwest Verlag -/Bonisolli** 61, **-/Kopp** 80/81 M., **-/Nagy** 66/67 M., **-/Schmitz** 66/67 u. **-/Volkert** 16 r., 25 (4), (5), 56 M., 88 u., 135; **TRI TOP GmbH,** Stapelfeld 20 u. l.; **Unilever Deutschland GmbH,** Hamburg**/Iglo** 56 u., 57, **Unilever Deutschland GmbH,** Hamburg**/Langnese** 20 u. r.; **V. Werner,** München 9; **ZEFA/Allig** 92 o., **-/Holz** 108/109 u.
Fotos im Inhaltsverzeichnis aus dem Innenteil

Impressum:

Projektleitung: Susanne Kirstein
Redaktion: Michaela Baur, München
Gesamtproducing: Eva M. Salzgeber, Neubeuern
Bildredaktion: Elisabeth Franz

Druck des Schutzumschlags:
Seismografics, Unterschleißheim, www.seismografics.de

9817 2635 4453 6271

Druck und Bindung:
Těšínská tiskárna, Český Těšín

Printed in the Czech Republic

ISBN-10: 3-517-06956-6
ISBN-13: 978-3-517-06956-2